HARMONIE ÉNERGÉTIQUE MAÎTRISER L'ART DES SOINS SUBTILS

Les connaissances cachées et exclusives du magnétisme et de l'hypnose non enseignées dans les formations classiques

Jean Angius

Tous droits réservés. Aucune partie de ce livre ne peut être reproduite, distribuée, ou transmise sous quelque forme ou par quelque moyen que ce soit, y compris la photocopie, l'enregistrement ou d'autres méthodes électroniques ou mécaniques, sans la permission écrite préalable de l'éditeur, sauf dans le cas de brèves citations incorporées dans des critiques et certains autres usages non commerciaux permis par la loi sur les droits d'auteur. Pour les demandes de permission, écrivez à l'éditeur, à l'adresse ci-dessous. *angiusjean@gmail.com*

Copyright © 2024
Jean Angius
Tous droits réservés.
ISBN : 9798877980679

À toutes les âmes inspirantes qui ont jalonné mon parcours et enrichi ma compréhension du monde énergétique, je dédie ces mots.

Je tiens à exprimer ma gratitude la plus sincère à chaque client avec qui j'ai eu l'honneur de collaborer. Vous avez tous été, à votre manière, des catalyseurs de mon évolution. Votre confiance, vos expériences partagées et vos parcours uniques ont été pour moi des sources inestimables d'apprentissage et de croissance. Chacun d'entre vous a contribué, consciemment ou non, à façonner le praticien que je suis devenu. Votre impact sur ma vie et sur ma pratique dépasse les mots et c'est avec une profonde reconnaissance que je vous dédie ce travail.

Jean Angius

ATTENTION POUR LES PRATICIENS DES MÉDECINES D'ACCOMPAGNEMENT ! PRUDENCE ET RESPONSABILITÉ PROFESSIONNELLE

Consultation spécifique : ne prenez en consultation que les patients déjà suivis par la médecine allopathique. Assurez-vous qu'ils aient reçu un diagnostic confirmé par des professionnels de santé.

Complémentarité, pas de substitution : Votre pratique doit compléter, et non remplacer, les traitements médicaux conventionnels. Cela est particulièrement vital dans le cas de maladies graves.

Collaboration médicale : Travaillez en collaboration avec les professionnels de santé allopathiques pour offrir des soins cohérents et sécurisés.

Responsabilité : Votre rôle est d'accompagner et de soutenir la santé globale du patient, tout en respectant les limites de votre pratique.

La santé et la sécurité des patients sont notre priorité commune.

PREMIÈRE PARTIE

Cette première partie explore en profondeur des concepts liés à l'énergétique, à la maïeutique, à la visualisation et à l'hypnose dans le contexte de la guérison énergétique. Voici un aperçu de son contenu :

1. Introduction aux concepts fondamentaux de l'énergétique.

2. La relation entre les pensées, l'énergie vitale et l'équilibre psycho-corporel.

3. Approche thérapeutique de l'Hypno-Magnétisme-Intégrative, combinant le dialogue centré client, visualisation positive, hypnose guidée et thérapie énergétique.

4. Exploration de concepts tels que l'Intelligence Universelle, la conscience neurovégétative et l'homéostasie naturelle.

5. Discussion sur la loi de l'attraction, le mentalisme et l'importance de la santé mentale dans la santé globale.

6. Examen des lois universelles comme la loi de l'unité, la loi de vibration et la loi de polarité, et leur implication dans la vie quotidienne et la guérison.

Cette partie du livre offre une compréhension holistique et approfondie du bien-être et de la guérison.

Table des matières

Préface / première partie du livre	1	L'hypnose	107
Introduction	3	L'énergétique et le magnétisme	111
Le processus de détection des déséquilibres	5	Utiliser votre subconscient	115
L'hypno-magnétisme-intégrative	7	Protocole d'intervention en Hypno-Magnétisme-Intégrative	123
Intelligence universelle	11	La tachycardie	145
Intelligence universelle individualisée	15	Le cancer du sein	159
Conscience neurovégétative et homéostasie naturelle	19	Affections pulmonaires	177
Le subconscient comme interface	23	Maladies de la prostate	189
L'univers est mental	29	Hypothyroïdie	205
La loi de l'unité	35	Céphalées	217
La loi de correspondance	41	Douleur neuropathique	231
La loi de vibration	46	Douleurs arthrosiques	245
La loi de cause à effet	51	Lombalgie	257
La loi de l'attraction	56	Troubles du sommeil	271
La loi du rythme	61	Anxiété	281
La loi de la polarité	66	Dépression	293
La loi de la transmutation perpétuelle de l'énergie	70	Troubles digestifs	303
La loi de la compensation	75	Règles douloureuses	313
La loi de l'éternel présent	80	Intelligence relationnelle	325
Deuxième partie du livre	91	Communication intrapersonnelle	328
L'arythmie énergétique	93	Communication extrapersonnelle	330
L'approche maïeutique	97	Conclusion	335
La visualisation	101	BD et livre	337

PRÉFACE

Pour débuter ce traité dédié à l'Hypno-Magnétisme-Intégrative, il me paraît essentiel de poser les jalons des concepts fondamentaux et des lois naturelles qui s'y rattachent. Ces principes ont façonné ma compréhension et ont guidé ma pratique durant cinq décennies dédiées à l'exploration et l'exercice de l'hypnose, de l'énergétique et de la programmation neurolinguistique. Le but de cet ouvrage est de transmettre un savoir accumulé et affiné au fil des ans, une compréhension nourrie d'expériences et de réflexions.

Ce livre s'adresse à ceux qui cherchent à comprendre le soin énergétique dans sa globalité, au-delà des pratiques empiriques. J'y explore les lois universelles qui régissent cette discipline, offrant ainsi une perspective enrichie et profonde sur l'art de soigner. Je suis convaincu que la connaissance de ces lois est primordiale pour aborder le soin holistique, où le corps, l'esprit et l'énergie sont envisagés comme un tout indissociable.

Mon parcours dans le domaine de l'accompagnement, en qualité de praticien, m'a permis de cerner les subtiles interactions entre l'énergie et la matière, entre l'esprit et le corps. Ces constatations ont été le moteur de ma pratique et de mes enseignements. En partageant ces connaissances, j'aspire à équiper le lecteur des outils nécessaires pour aborder le soin d'autrui avec une compréhension profonde et respectueuse des lois universelles.

Je détaille dans ce livre les concepts clés de l'énergétique, en les contextualisant à travers des anecdotes, des cas d'études et des réflexions personnelles. Chaque chapitre est conçu pour guider le lecteur dans sa compréhension des principes fondamentaux et de leur application pratique. De plus, j'intègre des exercices et des méditations visant à développer la sensibilité et l'acuité nécessaires à une pratique réussie de l'énergétique.

En somme, ce livre est le fruit de mon expérience, une synthèse de connaissances et de pratiques éprouvées. Il est destiné à tous ceux qui souhaitent approfondir leur compréhension de l'Hypno-Magnétisme-Intégrative et l'appliquer de manière efficace et respectueuse. Il s'agit d'un guide complet, un compagnon indispensable pour quiconque désire explorer les profondeurs de cette discipline fascinante et enrichir sa pratique thérapeutique.

INTRODUCTION

Les interactions entre pensées, énergie vitale et équilibre psycho-corporel.

Dans le domaine de l'énergétique, une approche logique suggère que toutes les perturbations vibratoires de l'énergie vitale et du système nerveux autonome peuvent être à l'origine de déséquilibres organiques et fonctionnels au sein des organismes. Ce concept repose sur l'idée que notre bien-être physique et mental est étroitement lié à l'énergie qui circule en nous. Si l'on considère que les pensées sont également une forme d'énergie, alors il devient plausible de penser que les vibrations émises par nos pensées ont un impact sur le système nerveux autonome. En d'autres termes, nos pensées pourraient être responsables de l'apparition de déséquilibres ou, au contraire, de l'harmonie dans notre corps et notre esprit.

Cette approche souligne l'importance de l'équilibre énergétique dans notre santé globale. Les perturbations vibratoires de l'énergie vitale peuvent découler de nombreuses sources, telles que le stress, les émotions négatives, ou les expériences traumatisantes. Ces perturbations peuvent affecter le fonctionnement optimal de notre système nerveux autonome, qui régule de manière essentielle de nombreuses fonctions corporelles, telles que la respiration, la digestion, et la régulation du rythme cardiaque. En conséquence, ces déséquilibres énergétiques peuvent conduire à des problèmes de santé et de bien-être.

Le lien entre les pensées et l'énergie est un aspect fascinant de cette perspective. Si nos pensées émettent des vibrations, alors elles ont le potentiel d'influencer directement notre système nerveux autonome. Les pensées positives et harmonieuses pourraient contribuer à maintenir un équilibre énergétique sain, tandis que les pensées négatives ou stressantes pourraient perturber cet équilibre. Cela suggère que la gestion de nos pensées et de nos émotions peut jouer un rôle déterminant dans notre bien-être général.

Dans le contexte de l'énergétique, l'idée que les perturbations vibratoires de l'énergie vitale et les vibrations des pensées influencent le système nerveux autonome offre un éclairage intéressant sur la manière dont notre corps et notre esprit interagissent. Il suggère que la recherche d'un équilibre énergétique et émotionnel peut être essentielle pour maintenir une santé optimale.

La quête de bien-être et d'équilibre physique et émotionnel est une préoccupation majeure dans notre société moderne. Une des interrogations fondamentales dans ce domaine concerne la compréhension et la résolution des déséquilibres énergétiques vitaux et nerveux, souvent à l'origine de troubles physiques et psychiques.
Avant d'intervenir en utilisant l'Hypno-Magnétisme-Intégrative ou toute autre pratique, il est essentiel de déterminer la ou les causes primordiales de ces perturbations. Cette démarche garantit que l'intervention ciblera efficacement les leviers appropriés pour une amélioration tangible et durable de l'état du patient.

Le processus de détection des sources de ces déséquilibres est complexe et multidimensionnel.

Il implique souvent une exploration approfondie des troubles émotionnels, fréquemment liés à des pensées négatives. Ces pensées, généralement nuisibles à l'équilibre psychique, découlent dans la majorité des cas de croyances, de concepts, ou d'interprétations de situations particulières. Elles sont souvent ancrées dans une perspective personnelle, parfois biaisée ou limitée, qui peut altérer significativement la perception de la réalité et, par conséquent, influencer l'état énergétique et nerveux d'un individu.

Pour aborder cette question, il est primordial de connaître et de maîtriser une méthode que je qualifie d'incontournable : le dialogue axé sur le client, fondé sur une approche de type maïeutique. Cette méthode vise à guider la personne qui consulte dans un processus d'auto-réflexion et de découverte, lui permettant d'identifier par elle-même la source de son problème. Ce processus favorise une prise de conscience qui peut conduire à une inversion conceptuelle ou psychologique, essentielle pour la résolution du problème à la racine.

Cette inversion conceptuelle joue un rôle crucial dans la restauration des fréquences vibratoires harmonieuses de l'esprit de l'individu. Elle entraîne des répercussions positives sur l'aspect émotionnel, notamment par les changements vibratoires opérés dans le système nerveux autonome. Ce rééquilibrage contribue à rétablir les fonctions neurovégétatives normales ainsi que le bon fonctionnement du système immunitaire. L'harmonie retrouvée au niveau émotionnel et énergétique crée un terrain propice à la guérison et au bien-être général.

Lorsque le praticien intervient dans ce contexte, son action en énergétique est significativement renforcée. L'amorçage obtenu par le dialogue maïeutique facilite et accentue l'efficacité de l'intervention énergétique. L'énergétique, utilisé après cette préparation psychologique et émotionnelle, peut agir plus profondément et de manière plus ciblée. Il ne se contente plus de traiter les symptômes, mais participe activement à la résolution des causes sous-jacentes des déséquilibres énergétiques.

Il est donc essentiel pour tout praticien œuvrant dans le domaine du bien-être et de la santé holistique de comprendre l'importance d'une approche intégrative. Cette convergence doit tenir compte des aspects psychologiques, émotionnels, et énergétiques de l'être, afin d'offrir une intervention complète et efficace. Le succès de toute thérapie énergétique dépend largement de la capacité du praticien à identifier et à traiter les causes profondes des déséquilibres, plutôt que de se concentrer exclusivement sur les symptômes apparents.

Pour conclure avec cette partie, je dirai que la clé d'une intervention réussie en énergétique ou dans toute autre pratique énergétique réside dans une compréhension globale de l'individu. La reconnaissance et la résolution des pensées négatives, des croyances limitantes, et des perspectives biaisées permettent de restaurer l'équilibre énergétique et émotionnel. Cela crée un terrain propice à une guérison holistique et durable, ouvrant la voie à un état de bien-être et d'harmonie tant recherché dans notre monde contemporain.

L'HYPNO-MAGNÉTISME-INTÉGRATIVE

Dans cette partie, je vous présente une approche thérapeutique particulière que j'ai développée : l'Hypno-Magnétisme-Intégrative. Cette méthode allie les vertus ancestrales de l'énergétique à des techniques modernes de guérison holistique, traitant l'individu dans sa globalité : corps, esprit et émotions.

1. **Dialogue axé sur le client** : dans ma pratique, la première étape est un dialogue personnalisé avec le client, j'utilise une approche de type maïeutique. Cette conversation importante vise à établir une relation de confiance et à comprendre en profondeur les besoins uniques de chaque personne. Je sais par expérience qu'un espace de communication ouvert est essentiel pour identifier les blocages ou problèmes sous-jacents affectant la santé.

2. **Visualisation positive et constructive** : pour donner suite à ce dialogue, j'intègre la technique de visualisation positive et constructive. Je guide le client dans un processus mental où il peut envisager sa guérison ou son bien-être. Cette étape est un puissant catalyseur de changement, influençant l'esprit et, par conséquent, le corps.

3. **Hypnose, guidée par les résultats du dialogue et de la visualisation** : l'étape suivante de la méthode L'Hypno-Magnétisme-Intégrative est l'hypnose, étroitement liée aux résultats du dialogue préalable et de la visualisation. Lors de la séance d'hypnose, j'utilise les informations et les thèmes émergents du dialogue pour personnaliser l'expérience. Cette approche assure que l'hypnose aborde directement les

problématiques spécifiques et les blocages émotionnels identifiés lors de notre conversation.

L'hypnose permet d'accéder à un état de conscience modifié, où le client est plus réceptif aux suggestions positives et capable d'explorer en profondeur les questions psychologiques ou émotionnelles. C'est un moment fondamental pour travailler sur la transformation des pensées négatives et surmonter les obstacles internes. En se basant sur les éléments révélés dans le dialogue et la visualisation, l'hypnose devient un outil personnalisé et efficace pour instaurer des changements positifs dans les schémas de pensée et de comportement du client.

Cette étape est conçue pour libérer les tensions, dissoudre les blocages émotionnels et favoriser une guérison profonde. Elle joue un rôle déterminant dans le processus de guérison, en alignant l'état mental et émotionnel du client avec ses objectifs de bien-être et de santé.

4. **Séance d'énergétique** : après ces actions précédentes nécessaires, j'utilise mes capacités pour canaliser et transmettre l'énergie vitale ou force vitale, visant à rééquilibrer et harmoniser l'énergie du client. Cette phase est essentielle pour traiter les déséquilibres énergétiques, stimuler les capacités naturelles de guérison du corps et restaurer un état d'harmonie et de bien-être.

L'Hypno-Magnétisme-Intégrative, tel que je le pratique, est bien plus qu'une simple méthode de soin ; c'est une expérience holistique qui englobe toutes les facettes de l'être. En combinant le dialogue, la visualisation, l'hypnose et l'énergétique, je propose un traitement complet qui vise à soulager les symptômes physiques tout en promouvant une santé mentale et émotionnelle optimale.

Cette méthode est idéale pour ceux qui cherchent une approche de guérison plus profonde et intégrée, reconnaissant que le bien-être physique est étroitement lié à l'état psychologique et émotionnel. À travers L'Hypno-Magnétisme-Intégrative, je m'efforce de fournir un outil puissant pour une vie équilibrée et harmonieuse, à la fois pour mes clients et pour les praticiens cherchant à enrichir leur arsenal thérapeutique.

Je vous invite à explorer avec moi cette méthode, que ce soit en tant que client en quête de guérison ou en tant que praticien désireux d'approfondir votre pratique. Ensemble, nous pouvons œuvrer pour un monde plus sain et harmonieux.

Chapitre 1

Les notions de bases pour une bonne compréhension

Avant de vous initier aux concepts de L'Hypno-Magnétisme-Intégrative, il est impératif d'établir une solide compréhension de certains principes fondamentaux. Ces concepts clés sont le socle sur lequel repose toute la pratique ; ils représentent des lois naturelles universelles et immuables auxquelles nous sommes tous assujettis. Cette étape est majeure et s'apparente à l'apprentissage du code de la route avant de prendre le volant. Tout comme la connaissance des règles de circulation est essentielle pour la conduite, la compréhension de ces principes est indispensable pour naviguer avec aisance et sécurité dans le vaste domaine de l'énergétique. En assimilant ces notions, vous serez non seulement mieux équipé pour mettre en pratique les techniques de L'Hypno-Magnétisme-Intégrative, mais vous serez également en mesure d'appréhender leur portée et leur signification profonde.

Le premier concept
L'INTELLIGENCE UNIVERSELLE

Le concept d'Intelligence Universelle ou Intelligence Cosmique suggère l'existence d'une forme d'intelligence ou de conscience qui est intrinsèque à l'univers lui-même, transcendant ainsi les limites et les capacités de l'intelligence humaine.

Cette Intelligence Universelle est souvent associée au principe d'Esprit ou de Mentalisme, affirmant que l'univers est essentiellement mental et que tout ce qui existe est une manifestation de cet esprit universel. Cela implique que l'univers n'est pas seulement une création mécanique faite de matière, mais plutôt l'expression d'une conscience cosmique.

Selon cette perspective, chaque partie de l'univers, des galaxies lointaines aux plus petites particules, est imprégnée d'une certaine forme de conscience ou d'intelligence. Cette vision est proche de la notion de panpsychisme, la croyance que l'esprit ou une forme de conscience est une caractéristique fondamentale et omniprésente de l'univers.

Ce concept trouve des échos dans diverses traditions spirituelles et philosophiques. Par exemple, dans l'hindouisme, le concept de Brahman représente une réalité ultime ou une conscience cosmique. De même, dans certaines écoles de pensées occidentales, comme le néoplatonisme, l'idée d'une intelligence ou d'un esprit universel joue un rôle central.

Dans un contexte moderne, l'idée d'Intelligence Universelle peut également être reliée à des théories en physique et cosmologie qui suggèrent que l'univers suit des lois et des principes qui pourraient être interprétés comme des manifestations d'une forme d'ordre ou d'intelligence. Par exemple, la façon dont les lois de la physique orchestrent l'organisation de la matière et de l'énergie peut être vue comme une forme d'intelligence inhérente de l'univers.

De plus, cette notion a influencé des domaines comme la psychologie transpersonnelle, explorent les états de conscience qui transcendent l'expérience individuelle, suggérant l'existence d'une conscience collective ou universelle.

Toutefois, l'interprétation de l'Intelligence Universelle varie grandement selon les perspectives. Pour certains, elle représente une entité divine ou une présence créatrice ; pour d'autres, elle est une manière métaphorique de parler des lois et de l'ordre inhérents à l'univers. Dans le domaine scientifique, cette idée est généralement abordée avec prudence, car elle touche à des questions qui vont au-delà des capacités actuelles de la science à tester et à prouver.

L'Intelligence Universelle offre une vision extraordinaire de l'univers, proposant que derrière les aspects matériels et énergétiques de l'univers se cache une forme supérieure d'intelligence ou de conscience. Bien que cette idée soit plus métaphysique que scientifique, elle continue d'inspirer et de provoquer des réflexions sur la nature de la conscience, de l'univers et de notre place au sein de celui-ci.

Chapitre 2

Le deuxième concept c'est la notion D'intelligence universelle individualisée

Faisant suite au paragraphe précédent sur l'intelligence universelle générale, nous abordons à présent l'intelligence générale individualisée, c'est un concept qui suggère l'existence d'une forme d'intelligence ou de conscience à la fois universelle et omniprésente dans tout l'univers, et individualisée, c'est-à-dire exprimée de manière unique à travers chaque individu ou entité ayant une forme de conscience.

Ce qui revient à dire que nous sommes tous habités par cette intelligence, elle s'individualise en chacun d'entre nous.

Fondements métaphysiques

Ce principe métaphysique propose que tout dans l'univers est une manifestation de cette intelligence universelle, qui est indivisible et omniprésente. Cette intelligence, bien qu'universelle, s'exprime de manière unique à travers chaque individu ou entité, permettant une variété infinie d'expressions et d'expériences.

Individualisation de l'intelligence universelle

L'individualisation de l'Intelligence universelle ne signifie pas que chaque individu possède une portion séparée ou unique de cette intelligence. Elle implique plutôt que chaque être est une expression distincte et personnalisée de la même intelligence universelle, similaire à la façon dont chaque vague est à la fois une partie distincte et une expression de l'océan.

Implications philosophiques et spirituelles

Cette perspective offre une vision unifiée de l'existence, où chaque individu est à la fois une partie distincte de l'univers et intrinsèquement lié à l'ensemble. Cette compréhension peut conduire à une perception plus profonde de l'interconnexion de tout être et de l'unité fondamentale de l'existence.

Application dans le développement personnel

Dans le développement personnel et spirituel, cette idée peut être perçue comme un appel à réaliser et à manifester son potentiel unique. Chaque individu, en tant que manifestation de l'Intelligence universelle, a un chemin et un but uniques.

Impact sur la psychologie et la thérapie

En psychologie, l'acceptation de cette notion peut aider à comprendre l'unicité de chaque expérience humaine tout en reconnaissant un fondement commun à toute l'humanité. Cela peut être utile dans les approches thérapeutiques qui cherchent à harmoniser l'individu avec un sens plus large de soi ou de l'univers.

Ce concept, principalement métaphysique et spirituel, échappe souvent à l'investigation empirique et rationnelle. L'interprétation et l'application de ce concept peuvent varier, ce qui peut entraîner des ambiguïtés et des malentendus.

L'intelligence universelle individualisée offre une perspective sur la nature de l'intelligence et de la conscience. Elle suggère une interconnexion profonde entre l'universel et l'individuel, invitant à explorer comment chaque être peut exprimer et réaliser son unicité tout en restant en harmonie avec l'univers. Bien que le concept ait des implications profondes, son interprétation reste ouverte à débat et exploration personnelle.

Chapitre 3

Troisième concept
L'intelligence universelle individualisée, conscience neurovégétative et homéostasie naturelle

Cette partie du livre explore l'idée que, malgré la diversité des formes de vie sur Terre, il existe une uniformité dans les processus fondamentaux de la vie, tels que la nutrition, la respiration, la digestion, et d'autres fonctions naturelles. Cette uniformité suggère l'existence d'une intelligence universelle individualisée et d'une conscience neurovégétative qui orchestrent l'homéostasie naturelle des organismes vivants.

Intelligence universelle individualisée

Cette intelligence n'est pas seulement une abstraction distante ; elle se manifeste de manière individualisée dans chaque entité, chaque organisme. Ainsi, bien que chaque être vivant soit unique, il partage une certaine harmonie et ordonnance avec l'ensemble de l'univers.

Conscience neurovégétative

La conscience neurovégétative est le terme utilisé pour désigner les processus automatiques et instinctifs qui régulent les fonctions vitales des organismes. Elle opère souvent en dehors de notre perception consciente, gérant des fonctions telles que la respiration, la circulation sanguine, la digestion, et la réponse immunitaire.

Homéostasie naturelle

L'homéostasie est le processus par lequel les organismes vivants maintiennent un équilibre interne stable face aux changements externes. Cela inclut la régulation de la température corporelle, du pH du sang, des niveaux de glucose, et d'autres variables vitales.

Fonctionnement identique des organismes

La nutrition, la respiration, la digestion et d'autres fonctions naturelles semblent universelles sur la Terre, transcendant les barrières des espèces. Cette universalité reflète une coordination et une efficacité remarquables.

Ce qui précède soulève l'hypothèse intrigante que les lois ou les informations régissant les fonctions essentielles de la vie sont intrinsèques à une intelligence universelle. Cette intelligence, omniprésente et dynamique, pourrait transmettre ces informations vitales à chaque forme de vie individualisée, permettant ainsi l'exécution précise et adaptée de ces fonctions à travers des systèmes subjectifs et neurovégétatifs.

Cela implique un mécanisme complexe et finement réglé où l'intelligence universelle, telle une bibliothèque de connaissances fondamentales, distribue ses informations à chaque organisme. Chaque forme de vie, par conséquent, ne serait pas simplement une entité isolée mais plutôt une expression individualisée de cette intelligence collective. Elle recevrait, interpréterait et mettrait en œuvre ces directives pour maintenir son équilibre et sa survie.

Dans ce cadre, le système neurovégétatif, en particulier, apparaît comme un intermédiaire clé, traduisant les directives de l'intelligence universelle en réactions physiologiques et processus automatiques. Ce système, opérant souvent au-delà de notre conscience directe, gère des fonctions critiques telles que la régulation du rythme cardiaque, la digestion, la réponse immunitaire, etc., en réponse aux besoins internes et aux stimuli externes.

Cette perspective enrichit notre compréhension de la biologie et de la physiologie en y ajoutant une dimension plus holistique. Elle suggère que les organismes vivants ne sont pas simplement des mécanismes biochimiques autonomes mais des entités intégrées dans un système plus vaste, guidées par une intelligence qui transcende leur individualité physique.

Chapitre 4

Quatrième concept
L'intelligence universelle individualisée
Le subconscient comme interface

Le concept passionnant qui suggère que chaque individu est une expression unique d'une intelligence cosmique plus vaste peut être perçu comme une force créatrice omniprésente qui se manifeste à travers les individus, leur offrant un potentiel illimité de croissance et de compréhension. Dans cette perspective, chaque personne est à la fois un microcosme de l'univers et un canal unique à travers lequel l'intelligence universelle peut s'exprimer.

Le subconscient, dans ce cadre, a un rôle de première nécessité. Il agit comme un entrepôt de nos expériences, émotions et connaissances innées. Plus qu'un simple réceptacle passif, le subconscient est dynamique, influençant constamment nos pensées, comportements et décisions, souvent sans que nous en ayons pleinement conscience. Il est le lien entre notre moi conscient et les aspects plus profonds et plus universels de notre être, fonctionnant comme un traducteur entre notre monde intérieur et les influences extérieures.

La conscience objective, en comparaison, est notre état d'esprit lorsque nous sommes éveillés et conscients de notre environnement. Elle nous permet de traiter les informations sensorielles, de réfléchir de manière critique, de planifier et de prendre des décisions éclairées. Cependant, cette conscience est souvent limitée par nos perceptions et expériences personnelles, ne nous permettant de voir qu'une fraction de la réalité.

L'interaction entre le subconscient et la conscience objective est un ballet complexe où chacun influence l'autre. Nos expériences conscientes peuvent façonner nos réponses subconscientes, tout comme nos réactions et instincts subconscients peuvent influencer nos pensées et actions conscientes. Cette dynamique peut être observée dans des processus tels que l'apprentissage, la créativité, et même la résolution de problèmes, où le subconscient peut fournir des solutions et des idées que notre esprit conscient n'aurait pas pu générer seul.

En outre, la pratique de techniques comme la méditation, l'affirmation et la visualisation peut renforcer cette connexion, permettant à l'individu d'accéder à une compréhension plus profonde de soi-même et de l'univers. Ces pratiques aident à calmer l'esprit conscient, ouvrant la porte à une communication plus fluide avec le subconscient. Cela peut conduire à une plus grande clarté de pensée, une créativité accrue et une meilleure compréhension de nos propres motivations et désirs.

La perspective de l'intelligence universelle individualisée offre également un nouveau cadre pour comprendre notre place dans l'univers. Elle suggère que nous ne sommes pas seulement des observateurs passifs de l'univers, mais des participants actifs dans un processus cosmique d'évolution et de croissance. En reconnaissant et en harmonisant les différentes facettes de notre esprit, nous pouvons non seulement atteindre un développement personnel plus profond, mais aussi contribuer de manière plus significative au monde qui nous entoure.

La compréhension de l'intelligence universelle individualisée, du rôle du subconscient et de la conscience objective, et de leur interaction mutuelle, offre une vision puissante de la nature humaine et de notre potentiel. En explorant et en harmonisant ces aspects de notre être, nous pouvons nous ouvrir à une sagesse plus profonde et à une expression plus complète de notre véritable nature, nous permettant de vivre une vie plus épanouie et enrichissante.

Le système neurovégétatif, comme une interface subtile entre notre conscience et les processus biologiques automatiques, joue un rôle capital dans la régulation de notre santé et bien-être. Cette synergie peut être explorée et optimisée grâce à des techniques telles que la maïeutique, l'imagerie mentale ou la visualisation et l'hypnose, chacune contribuant de manière unique à l'activation et à l'utilisation des informations de l'intelligence universelle individualisée.

1. Décodage par la maïeutique : la maïeutique est un art du questionnement qui permet de révéler des connaissances enfouies dans le subconscient et parfois au-delà. En se concentrant sur l'auto-interrogation et la réflexion, on peut dévoiler des perspectives cachées, favorisant une meilleure compréhension de soi et un alignement avec l'intelligence universelle. Ce processus aide à identifier les blocages ou les dysfonctionnements, permettant au système neurovégétatif de les adresser plus efficacement.

2. Émergence d'informations par l'imagerie mentale ou la Visualisation : l'imagerie mentale, en tant que pratique de visualisation, crée un pont entre le conscient et le subconscient, permettant l'émergence d'informations et de révélations profondes. En visualisant des états de bien-être, de santé, ou même des processus physiologiques en harmonie, on influence positivement le système neurovégétatif. Cette technique, en alignant le mental et le physique, facilite l'accès à une intelligence plus profonde et une compréhension individualisée de ce qui est nécessaire pour la santé et le bien-être.

3. Acceptation et ancrage de l'information par l'hypnose et l'énergétique : l'hypnose, utilisée comme outil d'ancrage, permet d'accepter et d'intégrer profondément les informations et les prises de conscience émergentes. Elle agit en modifiant l'état de conscience, facilitant l'accès direct au subconscient. Par cet état modifié, le corps peut plus aisément intégrer et réagir aux directives de l'intelligence universelle. L'énergétique, par ailleurs, aide à harmoniser et à équilibrer les flux d'énergie du corps, assurant une meilleure réceptivité et une réponse adaptée aux besoins internes.

La combinaison de ces trois principes crée une synergie profonde, où le système neurovégétatif agit non seulement comme un exécutant des fonctions automatiques, mais aussi comme un récepteur actif d'informations subtiles et profondes. En employant ces techniques, on ouvre la voie à une santé et un bien-être améliorés, où le corps et l'esprit travaillent en harmonie avec l'intelligence universelle individualisée. Cette approche holistique favorise un équilibre dynamique, où le système neurovégétatif, en étroite collaboration avec le subconscient, devient un canal essentiel pour le maintien de la santé et la réalisation du potentiel humain.

Intelligence Universelle	Intelligence Individualisée
- Connectivité cosmique	- Manifestation dans l'individu
- Connaissance infinie	- Expériences et perceptions personnelles
- Sagesse intemporelle	- Pensées, émotions et apprentissages uniques
- Source de toute la création	- Interaction avec l'environnement physique et social
Le Système Neurovégétatif :	**Sous l'influence de l'Intelligence Individualisée :**
- Régulation automatique des fonctions corporelles	- Influence sur la santé et le bien-être
- Connexion entre le corps et l'esprit	- Réponses émotionnelles et stress
- Responsable de la réaction de lutte ou de fuite	- Adaptation aux situations changeantes
Le Subconscient :	**Interface entre :**
- Siège de la mémoire et des habitudes	- La Conscience Objective
- Fonctionne en dehors de la conscience volontaire	- L'Intelligence Universelle Individualisée
- Influence les décisions et les comportements	- Traduit et intègre les expériences conscientes et inconscientes
- Connecteur entre le conscient et l'inconscient	- Facilite la communication entre l'individu et l'intelligence universelle

Chapitre 5

Le cinquième concept énonce que L'univers est mental

Le mentalisme, en tant que concept, puise ses origines dans diverses traditions philosophiques, psychologiques et systèmes de pensée. Il est fondé sur plusieurs principes clés, offrant une perspective unique sur notre compréhension de la réalité, de la santé et du bien-être.

Au cœur du mentalisme se trouve l'idée que l'Univers est mental. Cette notion suggère que notre réalité est fortement influencée, sinon en partie créée, par notre esprit. Nos perceptions, croyances et pensées ne sont pas de simples réactions passives à l'environnement ; elles façonnent activement notre expérience du monde. Cette perspective soulève des implications fascinantes, notamment en ce qui concerne le pouvoir de l'esprit sur notre réalité physique.

Le mentalisme avance que nos pensées et états d'esprit ont un impact direct sur notre expérience de vie. Cette influence s'étend au-delà du bien-être mental et émotionnel, affectant concrètement notre environnement et notre réalité physique. Cette idée renforce la notion que nos croyances et attitudes ne sont pas de simples passagers dans notre voyage à travers la vie, mais plutôt des acteurs influents dans la manière dont nous expérimentons et interagissons avec le monde.

Un aspect incontournable du mentalisme est la reconnaissance de l'interconnexion entre l'esprit et le corps. Dans le contexte de la santé et du bien-être, cette vue met en lumière comment nos états mentaux et émotionnels peuvent influencer notre santé physique. Les maladies psychosomatiques, où des problèmes psychologiques se manifestent sous forme de symptômes physiques, sont un exemple pertinent de cette interaction.

Ce principe encourage également l'autonomisation par la prise de conscience. Comprendre et maîtriser notre esprit et nos pensées nous permet d'influencer positivement notre réalité. Des pratiques telles que la méditation, la visualisation et la pensée positive sont des exemples de la manière dont nous pouvons concrètement appliquer ce principe pour améliorer notre bien-être.

Le concept de mentalisme trouve sa place dans diverses philosophies spirituelles et ésotériques, comme l'hermétisme, ainsi que dans certaines écoles de pensées en psychologie et métaphysique. Il est souvent considéré comme un principe fondamental dans ces domaines, offrant une perspective enrichissante sur la nature de la réalité et de la conscience.

Dans le domaine de la santé et du bien-être, le mentalisme propose une compréhension plus intégrée, reconnaissant que l'esprit et le corps ne sont pas des entités séparées, mais des aspects interdépendants d'un même être. Nos pensées, croyances et état d'esprit jouent un rôle essentiel dans notre bien-être physique, influençant tout, de notre réponse au stress à notre vulnérabilité aux maladies.

Il met en évidence l'importance de la santé mentale dans le maintien de la santé physique. Il incite à des pratiques de gestion du stress, de méditation et de pensée positive pour améliorer non seulement l'état d'esprit mais aussi la santé physique. Ceci souligne l'idée de construire activement une perspective positive et implique une approche active et préventive pour aborder les situations de manière positive. Cette approche est soutenue par des recherches en psychologie de la santé, démontrant que les états mentaux et émotionnels peuvent affecter le corps de manière significative.

En adoptant une perspective mentaliste, on reconnaît que le bien-être englobe la santé mentale et émotionnelle autant que la santé physique. Cela sous-entend qu'un traitement holistique de la santé doit intégrer des interventions psychologiques et des soins de santé mentale comme éléments essentiels dans le traitement des maladies, en particulier celles ayant une composante psychosomatique.

Toutefois, il est primordial de comprendre que le mentalisme, malgré son utilité, n'est pas une solution universelle. Les maladies et troubles de la santé sont complexes et peuvent être causés par une multitude de facteurs, y compris biologiques, environnementaux et génétiques. Une approche équilibrée, tenant compte des aspects physiques et mentaux de la santé, est donc essentielle pour un bien-être global.

Le mentalisme, appliqué à la santé et au bien-être, nous invite à reconnaître le rôle puissant de l'esprit dans la création de notre réalité physique et de notre bien-être. Il souligne l'importance de l'interconnexion entre l'esprit et le corps, et met en évidence la nécessité de développer une conscience aiguisée de nos processus mentaux et de leur influence sur notre santé globale. Cette prise de conscience soulève l'importance de la santé mentale dans le cadre global de la santé, et comment notre bien-être émotionnel et psychologique peut directement influencer notre santé physique.

Ce fondement propose également une réflexion sur le pouvoir de l'auto-guérison et de l'autorégulation. Il suggère que par une compréhension et une maîtrise accrue de nos pensées et émotions, nous pouvons induire des changements positifs dans notre état physique. Cette perspective ouvre la voie à des méthodes alternatives de guérison et de bien-être, qui complètent les approches médicales traditionnelles.

En outre, ce concept met en lumière l'importance de la résilience psychologique. La capacité à maintenir une attitude positive, à s'adapter aux changements et à surmonter les défis que nous rencontrons dans la vie pour le maintien d'une bonne santé mentale et physique. Cette résilience est vue comme une compétence pouvant être développée et renforcée à travers des pratiques mentales et émotionnelles conscientes.

Le mentalisme dans le contexte du bien-être ne se limite pas à la gestion de la maladie, mais s'étend également à l'amélioration de la qualité de vie. Il favorise l'idée que par un travail conscient sur nos états mentaux, nous pouvons non seulement prévenir des maladies, mais aussi enrichir notre expérience de vie, en cultivant des états de bonheur, de paix intérieure et d'épanouissement.

Finalement, cette perspective dans le domaine de la santé et du bien-être met en évidence la nécessité d'une approche intégrative qui embrasse à la fois les aspects psychologiques et physiques de la santé. Elle encourage un équilibre entre les soins physiques et la prise en charge de la santé mentale, suggérant que l'un ne peut être pleinement efficace sans l'autre. En résumé, cette approche offre une perspective holistique, rappelant que le bien-être est un état multidimensionnel qui englobe l'harmonie de l'esprit, du corps et de l'âme.

Synergie esprit-corps, l'intelligence universelle, pensées, et émotions dans la dynamique interne

Intelligence Universelle Individualisée	Impact sur le Subconscient et le Système Neurovégétatif
- Agit sur le subconscient	- Influence le système neurovégétatif
- Guide le processus inconscient de pensée et d'émotion	- Affecte la régulation des fonctions corporelles automatiques
Pensées	**Résultat d'une Recherche d'Adaptation**
- Les pensées sont créées en réponse aux situations	- Recherche d'adaptation aux circonstances
- Sont influencées par l'intelligence individuelle et universelle	- Aide à naviguer et à comprendre l'environnement
Émotions	**Énergies Actives poussant à l'Adaptation**
- Les émotions sont des manifestations d'énergie interne	- Incitent à répondre et à s'adapter aux changements
- Sont connectées au subconscient et au système neurovégétatif	- Jouent un rôle clé dans la survie et le développement personnel

Chapitre 6
Après les concepts de base nous abordons les lois universelles

Les lois universelles, issues de l'intelligence universelle, offrent des principes de sagesse et d'harmonie qui peuvent guider notre vie vers un équilibre et un bien-être plus profond. Voici quelques-unes de ces lois fondamentales :

1. **La loi de l'unité ou de l'interconnexion** est un concept profond qui souligne l'interdépendance de tout dans l'univers. Selon cette loi, chaque pensée, action et émotion que nous éprouvons n'est pas isolée, mais a un impact significatif sur le monde qui nous entoure et sur les autres êtres. Cette interconnexion universelle suggère que nos vies sont intrinsèquement liées à celles des autres, à l'environnement naturel et même à l'univers dans son ensemble.

Elle est souvent associée à des enseignements spirituels et philosophiques, notamment dans les traditions orientales telles que le bouddhisme et l'hindouisme, mais elle trouve également écho dans les pensées modernes, notamment dans les domaines de la psychologie, de l'écologie et de la physique quantique. La reconnaissance de cette interconnexion peut entraîner une prise de conscience profonde de l'impact de nos actions et de nos pensées, non seulement sur notre propre vie, mais aussi sur celles des autres et sur l'environnement.

En comprenant que nous sommes tous connectés, nous pouvons commencer à agir avec plus d'empathie, de compassion et de conscience. Cela signifie reconnaître que nos actions, même les plus petites, peuvent avoir des répercussions lointaines. Par exemple, un simple acte de gentillesse peut non seulement améliorer la journée de quelqu'un, mais aussi inspirer cette personne à faire preuve de gentillesse envers les autres, créant ainsi une chaîne d'actions positives.

De plus, cette loi nous invite à considérer notre environnement naturel non pas comme une ressource à exploiter, mais comme une partie intégrante de notre propre existence. La protection de l'environnement et la promotion de la durabilité deviennent alors des expressions de notre respect pour cette interconnexion.

La science moderne offre également une perspective fascinante sur cette loi. En physique quantique, par exemple, le concept de non-localité suggère que des particules séparées par de grandes distances peuvent être instantanément connectées, reflétant une sorte d'unité fondamentale dans l'univers. Cette idée résonne avec la loi de l'unité, suggérant que même au niveau le plus élémentaire, tout dans l'univers est lié.

La loi de l'unité ou de l'interconnexion nous rappelle que nous ne sommes pas des îles isolées, mais des parties d'un tout vaste et interconnecté. En reconnaissant et en honorant cette interconnexion, nous pouvons vivre de manière plus harmonieuse, à la fois avec nous-mêmes, avec les autres et avec notre monde.

Le non-respect de la loi de l'unité ou de l'interconnexion, intentionnellement ou par inadvertance

Peut avoir des conséquences significatives sur la personne concernée ainsi que sur son environnement. Voici quelques points à considérer :

1. Impact sur l'harmonie personnelle : ne pas reconnaître l'interconnexion entre soi, les autres et l'environnement peut entraîner un déséquilibre dans la compréhension de soi et dans les relations avec le monde extérieur. Cela peut mener à un sentiment d'isolement, d'aliénation ou d'incompréhension de sa place dans l'univers.

2. Effets sur les relations : ignorer cette loi peut conduire à des comportements égoïstes ou non empathiques, nuisant potentiellement aux relations personnelles et professionnelles. L'absence de prise en compte de l'impact de ses actions sur les autres peut conduire à des conflits, des malentendus, ou une détérioration des relations.

3. Répercussions sur l'environnement : un manque de conscience de l'interconnexion avec l'environnement peut mener à des comportements nuisibles pour la nature, comme la pollution ou l'exploitation excessive des ressources, avec des conséquences à long terme sur l'équilibre écologique.

4. Conséquences : dans une perspective spirituelle ou philosophique, ne pas respecter cette loi pourrait entraîner des conséquences de causes à effets. Cela signifie que les actions négatives ou l'indifférence envers l'interconnexion de toutes choses pourraient se manifester sous forme de résultats négatifs ou de leçons de vie dans le futur.

5. Effet sur le bien-être mental et émotionnel : le non-respect de cette loi peut conduire à un état mental et émotionnel déséquilibré. Les personnes peuvent éprouver de l'anxiété, du stress, ou un sentiment de vide, souvent résultant d'une perception de déconnexion du monde qui les entoure.

6. Conséquences intentionnelles par opposition à non intentionnelles : si la non-observance est inconsciente ou due à un manque de connaissance, la prise de conscience et l'éducation peuvent souvent corriger le cours des actions. En revanche, une violation intentionnelle exige une introspection plus approfondie et un engagement vers un changement de comportement plus marqué pour rétablir l'harmonie. Ces transformations essentielles sont fréquemment déclenchées par des expériences significatives de la vie ou par des défis de santé, agissant comme des catalyseurs pour une réévaluation personnelle et un renouvellement profond. Ces moments peuvent se révéler être des opportunités précieuses pour la croissance personnelle et le développement de la conscience, guidant l'individu vers un état d'équilibre plus aligné et équilibré.

Il est important de noter que les effets de ne pas respecter cette loi dépendent largement de l'individu et de son contexte. Dans certains cas, les conséquences peuvent être subtiles et à long terme, tandis que dans d'autres, elles peuvent être immédiatement apparentes et plus directes.

Voici 10 phrases typiques formulées par une personne qui ne comprend pas ou ignore la "Loi de l'Unité ou de l'Interconnexion", avec une explication des répercussions potentielles de chacune :

1. Phrase : "Ce que je fais n'affecte personne d'autre que moi."

- Répercussion : cette vision peut mener à des actions irresponsables ou égoïstes, car elle ignore l'impact que nos comportements peuvent avoir sur les autres et sur l'environnement.

2. Phrase : "Je ne vois pas en quoi mes actions ont un impact sur l'environnement."

- Répercussion : cela reflète un manque de conscience écologique et peut conduire à des pratiques non durables, aggravant les problèmes environnementaux.

3. Phrase : "Les problèmes des autres ne me concernent pas."

- Répercussion : cette attitude peut entraîner un manque d'empathie et de solidarité, ce qui peut affaiblir les liens sociaux et la cohésion communautaire.

4. Phrase : "Je ne fais confiance qu'à moi-même ; les autres n'ont pas d'importance."

- Répercussion : une telle mentalité peut conduire à l'isolement et à une absence de collaboration, ce qui est préjudiciable dans un monde interconnecté où la coopération est essentielle.

5. Phrase : "Les décisions que je prends sont basées uniquement sur mes intérêts personnels."

- Répercussion : cela peut mener à des actions qui nuisent aux autres, ce qui peut créer des conflits et une détérioration des relations interpersonnelles.

6. Phrase : "Je n'ai pas besoin des autres pour réussir."

- Répercussion : ignorer l'importance des réseaux de soutien et de la communauté peut limiter les opportunités personnelles et professionnelles et mener à un sentiment de solitude.

7. Phrase : "Ce qui se passe dans d'autres parties du monde ne m'affecte pas."

- Répercussion : cela peut conduire à une ignorance des enjeux mondiaux et à un manque de responsabilité sociale et environnementale.

8. Phrase : "Je ne me soucie pas de l'impact de mes achats ou de ma consommation."

- Répercussion : cette attitude peut perpétuer des cycles de consommation non durable et d'exploitation, nuisant à l'économie globale et à l'environnement.

9. Phrase : "Je travaille seul parce que les autres me ralentissent."

- Répercussion : en agissant de la sorte, on peut passer à côté de perspectives précieuses et de l'innovation qui émergent souvent de la collaboration et du partage des idées.

10. Phrase : "Les actions des autres n'ont aucun effet sur ma vie."

- Répercussion : cela dénote un manque de reconnaissance de l'interdépendance dans les relations humaines, ce qui peut conduire à une sous-estimation des conséquences des actions des autres sur sa propre vie.

Chacune de ces phrases illustre une méconnaissance de la manière dont nos actions et celles des autres sont interconnectées, affectant notre bien-être, nos relations, notre environnement et notre société dans son ensemble.

2. **La loi de correspondance**, un concept profondément ancré dans de nombreuses traditions philosophiques et spirituelles, est souvent exprimée par l'adage "Ce qui est en haut est comme ce qui est en bas et ce qui est en bas est comme ce qui est en haut". Cette maxime suggère que les schémas, ou modèles, observés dans l'univers, se répètent à différentes échelles, reflétant une harmonie et une continuité universelles. À son essence, cette loi propose que les principes ou les lois qui régissent l'univers trouvent aussi leur application dans la vie quotidienne humaine.

Cette idée n'est pas simplement une observation des phénomènes extérieurs, mais elle a aussi une dimension introspective profonde. Elle implique que les circonstances extérieures dans lesquelles une personne se trouve sont souvent le reflet de son état intérieur. Par exemple, un esprit tumultueux peut se manifester par une vie désordonnée, tandis qu'une paix intérieure peut se traduire par une harmonie extérieure. Cette correspondance entre le macrocosme (l'univers) et le microcosme (l'individu) établit un lien entre l'univers physique et l'expérience subjective.

Cette loi est également un puissant appel à l'introspection et à l'auto-amélioration. Elle encourage l'individu à regarder en lui-même pour comprendre et améliorer sa réalité extérieure. Si l'on veut changer sa vie ou son environnement, il est suggéré de commencer par changer son état d'esprit, ses croyances et ses émotions. C'est une invitation à reconnaître que nous avons un pouvoir considérable sur nos expériences de vie, non pas en contrôlant directement les événements extérieurs, mais en modifiant notre perception et notre réaction à ces événements.

La loi de correspondance trouve des échos dans de nombreuses pratiques spirituelles et philosophiques, de l'hermétisme à la philosophie orientale, en passant par la psychologie moderne. Elle est souvent associée à l'idée de manifestation et de loi d'attraction, bien que son application soit généralement plus subtile et profonde. Cette loi suggère que, en cultivant la connaissance de soi et l'équilibre intérieur, on peut influencer positivement son expérience de vie, soulignant ainsi l'importance de la croissance personnelle et de la responsabilité individuelle dans la quête du bien-être.

Les Répercussions de l'incompréhension de la loi de correspondance

La "loi de correspondance", stipule que le microcosme reflète le macrocosme, c'est-à-dire que les événements ou les réalités de la vie personnelle d'un individu reflètent de plus grandes vérités ou réalités universelles. Selon cette loi, notre réalité extérieure est un miroir de notre réalité intérieure.

Si une personne ne comprend pas ou ne respecte pas cette loi, cela pourrait avoir plusieurs conséquences :

1. Manque de conscience de soi : ne pas reconnaître ou ignorer la loi de correspondance peut conduire à un manque de conscience de soi et de compréhension de la manière dont les pensées et les sentiments intérieurs influencent la réalité extérieure.

2. Relations et interactions difficiles : une personne pourrait avoir des difficultés à comprendre comment ses actions et ses émotions affectent les autres et son environnement, ce qui peut entraîner des conflits ou des malentendus dans les relations personnelles ou professionnelles.

3. Obstacles au développement personnel : l'ignorance de cette loi pourrait empêcher une personne de voir comment ses propres croyances et attitudes façonnent son expérience de vie. Cela peut limiter son potentiel de croissance et d'évolution personnelle.

4. Répercussions émotionnelles et psychologiques : le non-respect de cette loi peut entraîner un sentiment de déconnexion ou d'incohérence entre les désirs intérieurs et la réalité extérieure, menant potentiellement à des états de frustration, de confusion ou d'insatisfaction.

5. Manque d'harmonie : en ne comprenant pas ou en ne respectant pas la loi de correspondance, une personne pourrait vivre un manque d'harmonie dans sa vie, car elle n'est pas en phase avec les principes plus larges qui régissent son existence.

Voici 10 phrases typiques qu'une personne qui ne comprend pas ou ignore la "Loi de Correspondance" pourrait formuler, accompagnées d'une explication de leurs répercussions :

1. Phrase : "Je ne comprends pas pourquoi j'attire toujours des situations négatives."

- Explication : cette phrase suggère un manque de reconnaissance du lien entre les pensées et les circonstances de vie. La personne ne voit pas comment ses propres croyances ou attitudes peuvent influencer les événements qu'elle attire dans sa vie.

2. Phrase : "Les autres sont toujours la cause de mes problèmes."

- Explication : cela indique une tendance à blâmer les autres sans reconnaître son propre rôle dans la création de ses expériences. Cela empêche la prise de responsabilité personnelle et l'auto-réflexion.

3. Phrase : "Je n'ai pas de chance, contrairement à certains."

- Explication : cette vision fataliste suggère que la personne se sent impuissante face à sa destinée, ne reconnaissant pas comment ses propres pensées et actions peuvent façonner sa réalité.

4. Phrase : "Ce n'est pas ma faute si les choses vont mal."

- Explication : un refus de reconnaître sa propre contribution aux résultats de sa vie peut conduire à un sentiment de victimisation et à l'incapacité d'apporter des changements positifs.

5. Phrase : "Je ne sais pas pourquoi je réagis toujours comme ça."

- Explication : cela révèle un manque de compréhension des propres schémas émotionnels et de leur correspondance avec des expériences passées ou des croyances intérieures.

6. Phrase : "Rien de ce que je fais ne change les choses."

- Explication : cette déclaration de désespoir peut indiquer une incompréhension de la manière dont les actions personnelles et les attitudes sont liées aux résultats vécus.

7. Phrase : "Les bonnes choses arrivent toujours aux autres, jamais à moi."

- Explication : cela suggère une mentalité de manque et d'envie, ne voyant pas comment la gratitude et une attitude positive pourraient améliorer sa propre expérience de vie.

8. Phrase : "Je ne mérite pas le bonheur."

- Explication : une telle auto-perception négative peut se refléter dans les expériences de vie, attirant des situations qui renforcent cette croyance limitante.

9. Phrase : "La vie est injuste et difficile."

- Explication : cette perspective peut créer une prophétie auto-réalisatrice, où la personne attire des expériences qui valident cette croyance.

10. Phrase : "Je me sens toujours coincé, peu importe ce que je fais."

- Explication : cette expression de désespoir peut refléter un manque de reconnaissance que le changement commence de l'intérieur et que les pensées et les croyances internes jouent un rôle clé dans la création de la réalité extérieure.

Ces phrases et leurs explications mettent en lumière comment l'incompréhension ou l'ignorance de la loi de correspondance peut conduire à un sentiment de victimisation, d'impuissance, et à un manque de prise de conscience de la manière dont nos pensées intérieures et nos croyances façonnent notre réalité extérieure.

3. **La loi de vibration** est un concept captivant qui s'inscrit dans le cadre des lois universelles. Selon cette loi, tout dans l'univers, des galaxies les plus lointaines aux particules subatomiques, est en mouvement constant et vibre à différentes fréquences. Cette vibration n'est pas seulement un phénomène physique, mais elle s'étend aussi aux domaines de la pensée, de l'émotion et de l'esprit.

Au cœur de cette loi réside l'idée que nos pensées et nos émotions possèdent des fréquences vibratoires spécifiques. Ces fréquences peuvent influencer et être influencées par les fréquences d'autres personnes ou d'autres événements dans l'univers. Ainsi, des pensées et des émotions similaires tendent à s'attirer, formant la base de l'adage « les semblables s'attirent ». Cela implique que par nos pensées et émotions, nous avons la capacité d'attirer dans notre vie des expériences qui sont en harmonie avec nos états vibratoires.

La loi de vibration suggère également que le changement de notre état vibratoire peut influencer notre réalité. Par exemple, cultiver des pensées positives et des émotions telles que la joie et la gratitude pourrait attirer des expériences plus positives. Inversement, se laisser dominer par des pensées négatives auto-générées ou des émotions de basse fréquence comme la peur ou la colère hors du contexte de survie pourraient attirer des expériences moins souhaitables.

Cette loi souligne l'importance de la conscience et du contrôle de nos états mentaux et émotionnels. Elle encourage à la pratique de la méditation, de la visualisation positive et d'autres techniques de développement personnel pour harmoniser nos fréquences vibratoires. En faisant cela, nous pouvons influencer de manière positive le cours de notre vie et attirer des expériences qui reflètent nos aspirations les plus élevées.

Cette loi nous rappelle aussi que l'univers n'est pas un ensemble statique, mais un champ dynamique d'énergie en constante évolution. Tout, de l'immense au minuscule, participe à ce ballet cosmique de vibrations. En comprenant et en appliquant cette loi, nous pouvons commencer à voir nos vies et nos interactions avec le monde sous un jour nouveau, empreint de possibilités infinies et de connexions profondes avec l'univers tout entier.

La loi de vibration est un principe puissant qui offre une perspective unique sur la nature de l'univers et notre place en son sein. Elle nous invite à reconnaître l'importance de nos états vibratoires et à travailler consciemment pour les harmoniser avec les énergies que nous souhaitons attirer dans notre vie.

Les conséquences de l'ignorance de la loi de vibration sur le bien-être et la croissance personnelle

Selon cette loi, chaque pensée, sentiment, mot et action a une fréquence vibratoire spécifique et attire des circonstances de fréquences similaires. Voici les conséquences potentielles si une personne ne comprend pas ou ignore cette loi :

1. Manque d'alignement avec les désirs personnels : ne pas comprendre que les pensées et les émotions émettent des vibrations spécifiques peut empêcher une personne d'aligner consciemment ses vibrations avec ses désirs et objectifs.

2. Attraction inconsciente de résultats indésirables : ignorer la loi de vibration peut mener à attirer inconsciemment des situations ou des relations qui reflètent des états vibratoires négatifs ou non désirés, comme le stress, l'anxiété ou le pessimisme.

3. Difficultés de communication et de relations : la méconnaissance de l'impact des vibrations personnelles sur les autres peut entraîner des malentendus ou des conflits dans les interactions sociales et les relations.

4. Limitation du potentiel créatif : en ignorant l'aspect vibratoire de la création, une personne peut se limiter dans sa capacité à manifester ses rêves et objectifs, restant souvent coincée dans des schémas ou des croyances limitantes.

5. Impact sur le bien-être physique et mental : la non-compréhension de cette loi peut conduire à des états de déséquilibre émotionnel ou physique, car les vibrations négatives peuvent affecter la santé globale.

6. Perte d'opportunités de croissance personnelle : en négligeant l'aspect vibratoire de l'existence, une personne peut passer à côté d'opportunités de développement personnel et spirituel, restant souvent inconsciente de l'ampleur de son pouvoir personnel.

Voici 10 phrases typiques d'une personne qui ne comprend pas ou ignore cette loi, accompagnées des explications sur leurs répercussions :

1. Phrase : "Je ne crois pas que mes pensées ou émotions aient un impact réel sur ma vie."

   - Répercussion : cette croyance peut conduire à un manque de responsabilité personnelle pour les pensées et les émotions, limitant ainsi la capacité de la personne à influencer positivement sa réalité.

2. Phrase : "Ces choses arrivent juste au hasard ; je n'ai aucun contrôle dessus."

   - Répercussion : cette attitude peut mener à un sentiment d'impuissance et à une passivité dans la vie, empêchant la personne de reconnaître son propre pouvoir dans la création de sa réalité.

3. Phrase : "Je me sens souvent mal, c'est une sensation naturelle chez-moi."

   - Répercussion : ignorer l'impact des vibrations émotionnelles peut conduire à un état chronique de négativité, affectant la santé mentale et attirant potentiellement plus d'expériences négatives.

4. Phrase : "Je ne pense pas que l'optimisme change quoi que ce soit."

- Répercussion : ce scepticisme peut empêcher la personne d'expérimenter les bénéfices d'une attitude positive, limitant ainsi les opportunités et les expériences positives.

5. Phrase : "Ce n'est pas comme si sourire pouvait changer ma journée."

- Répercussion : sous-estimer l'impact des expressions et des émotions positives peut priver la personne des avantages d'une attitude positive et joyeuse dans la vie quotidienne.

6. Phrase : "Rien de ce que je fais ne semble changer ma situation."

- Répercussion : cette impression d'impuissance peut être le résultat d'ignorer comment les vibrations personnelles influencent les circonstances, menant à un cycle de négativité et de stagnation.

7. Phrase : "Je ne vois pas comment être reconnaissant pourrait améliorer ma vie."

- Répercussion : le manque de reconnaissance de l'importance de la gratitude peut empêcher l'expérience des vibrations positives associées à cette émotion, ce qui pourrait autrement attirer des expériences plus enrichissantes.

8. Phrase : "Les gens ne changent pas, peu importe ce qu'ils pensent ou ressentent."

- Répercussion : cette vision fataliste peut limiter la capacité de la personne à voir le potentiel de croissance et de changement en elle-même et chez les autres.

9. Phrase : "Ma mauvaise humeur n'affecte personne d'autre que moi."

- Répercussion : ne pas reconnaître l'impact des vibrations émotionnelles sur les autres peut conduire à des relations interpersonnelles tendues et à un manque d'empathie.

10. Phrase : "Je doute que la méditation ou la pensée positive puissent vraiment m'aider."

- Répercussion : ce scepticisme peut empêcher la personne d'explorer des pratiques qui pourraient améliorer son état vibratoire et, par conséquent, sa qualité de vie.

Ces phrases montrent comment le manque de compréhension ou l'ignorance de la loi de vibration peut influencer négativement la perspective d'une personne sur la vie et limiter son potentiel de croissance personnelle et de bonheur.

4. **La loi de cause à effet,** également connue sous le nom de loi du Karma, est un principe fondamental qui souligne que chaque action entraîne une réaction équivalente, souvent dans un contexte moral ou spirituel. Cette loi est ancrée dans de nombreuses traditions philosophiques et religieuses, notamment dans l'hindouisme, le bouddhisme et le jainisme, mais elle trouve également écho dans des concepts modernes de psychologie et de physique.

Selon cette loi, nos actions, pensées et paroles ne sont pas isolées. Elles font partie d'un vaste réseau d'interactions et ont des conséquences qui se répercutent au-delà de notre compréhension immédiate. C'est une doctrine qui enseigne la responsabilité personnelle, nous incitant à réfléchir attentivement avant d'agir, car chaque geste, intention ou parole peut influencer notre vie et celle des autres de manière significative.

Cette loi suggère que rien dans l'univers n'arrive par hasard. Chaque événement, rencontre ou expérience est le résultat de quelque chose qui s'est produit auparavant. Cette interconnexion profonde implique que nos actions positives entraînent des résultats positifs, tandis que nos actions négatives peuvent mener à des conséquences défavorables. Elle souligne l'importance de vivre avec conscience, éthique et compassion.

Dans la pratique, cela signifie que si l'on souhaite vivre une vie heureuse et épanouissante, il est essentiel de cultiver des pensées, des paroles et des actions positives. Par exemple, un acte de gentillesse peut, non seulement améliorer la journée de quelqu'un, mais aussi inspirer d'autres actes de bonté, créant ainsi une chaîne de réactions positives.

En outre, cette loi peut servir de guide pour comprendre les événements de notre vie. Elle nous encourage à chercher les causes profondes de nos expériences, bonnes ou mauvaises, et à apprendre de nos erreurs. C'est un rappel puissant que nous sommes les architectes de notre destin et que nos choix actuels façonnent notre avenir.

La loi de cause à effet est un principe universel qui met en lumière le pouvoir de nos actions et souligne notre responsabilité dans la création de notre réalité. Elle nous enseigne que pour changer notre vie et le monde qui nous entoure, nous devons commencer par nous changer nous-mêmes.

Les impacts de l'incompréhension de la loi de cause à effet

Rappel : la "loi de cause à effet", également connue sous le nom de loi du karma dans certaines traditions spirituelles, stipule que chaque action a une conséquence correspondante. Selon cette loi, tout ce que nous faisons, pensons ou disons entraîne une série de résultats qui affectent notre vie.

Si une personne ne comprend pas ou ignore cette loi, cela peut entraîner plusieurs conséquences :

1. Actions irréfléchies : l'ignorance de la loi de cause à effet peut conduire à des actions irréfléchies, car la personne ne considère pas les conséquences à long terme de ses actes.

2. Manque de responsabilité : ne pas reconnaître cette loi peut amener quelqu'un à éviter la responsabilité de ses actions, en attribuant les résultats de ses choix à des facteurs externes ou à la chance.

3. Effets négatifs sur les relations : une personne qui ignore les implications de ses actions peut endommager ses relations personnelles et professionnelles, car elle peut blesser les autres sans comprendre la relation de cause à effet entre ses actions et les réactions des autres.

4. Limitation du développement personnel : en ne comprenant pas cette loi, une personne peut se retrouver bloquée dans des schémas de comportements destructeurs, car elle ne voit pas comment ses propres actions contribuent à ses expériences de vie négatives.

5. Stress et confusion : ignorer la loi de cause à effet peut conduire à un sentiment de confusion et de manque de contrôle sur sa vie, car les événements semblent aléatoires et imprévisibles.

6. Conséquences imprévues : en agissant sans tenir compte des conséquences potentielles, une personne peut se retrouver face à des résultats inattendus ou indésirables, ce qui peut entraîner du stress, de l'anxiété ou des regrets.

La compréhension et le respect de la loi de cause à effet sont essentiels pour vivre une vie équilibrée et consciente, en reconnaissant l'impact de nos actions sur notre vie et celle des autres.

Voici dix phrases typiques que pourrait formuler une personne qui ne comprend pas ou ignore la "loi de cause à effet", accompagnées d'explications sur leurs répercussions potentielles :

1. Phrase : "Je ne comprends pas pourquoi ces mauvaises choses m'arrivent toujours."

- Explication : cette phrase reflète un manque de reconnaissance du lien entre les actions personnelles et leurs conséquences. Elle peut conduire à un sentiment d'impuissance et à l'incapacité de prendre des mesures proactives pour changer la situation.

2. Phrase : "C'est toujours la faute des autres si je ne réussis pas."

- Explication : blâmer les autres empêche la personne de voir comment ses propres actions contribuent à ses échecs, limitant son potentiel de croissance et d'apprentissage.

3. Phrase : "Je n'ai jamais de chance avec les relations."

- Explication : en attribuant les échecs relationnels à la malchance plutôt qu'à des actions ou des choix personnels, cette personne risque de répéter les mêmes erreurs dans les relations futures.

4. Phrase : "Peu importe ce que je fais, rien ne change."

- Explication : cette perception d'impuissance peut conduire à la passivité et à l'inaction, empêchant la personne de prendre des initiatives qui pourraient réellement améliorer sa situation.

5. Phrase : "Je suis juste né(e) comme ça, je ne peux rien y faire."

- Explication : en attribuant ses comportements ou situations à des facteurs immuables, la personne évite de reconnaître son propre rôle dans la création de sa réalité, ce qui entrave son développement personnel.

6. Phrase : "Ce n'est pas ma faute si mon travail ne marche pas."

- Explication : le refus de reconnaître la responsabilité personnelle peut conduire à un manque de prise de conscience professionnelle et à l'incapacité de s'améliorer.

7. Phrase : "Je suis toujours malade, j'ai vraiment pas de chance."

- Explication : en attribuant la mauvaise santé uniquement à la malchance, la personne peut ignorer l'impact de ses choix de vie sur sa santé, comme l'alimentation, l'exercice et le stress.

8. Phrase : "Mes enfants ne m'écoutent jamais, ils sont impossibles."

- Explication : cette phrase indique un manque de compréhension du rôle parental dans le comportement des enfants, manquant ainsi des opportunités d'améliorer la dynamique familiale.

9. Phrase : "Je suis toujours fauché, l'économie est terrible."

- Explication : en blâmant l'économie pour ses problèmes financiers, la personne peut ne pas reconnaître l'importance de la gestion personnelle des finances.

10. Phrase : "Je ne sais pas pourquoi je suis déprimé, ma vie est comme ça."

- Explication : cette phrase peut indiquer une réticence à explorer les causes profondes de la dépression, comme les choix de vie, les pensées et les comportements, empêchant ainsi la recherche d'une aide appropriée ou de changements de vie bénéfiques.

Chacune de ces phrases démontre un manque de reconnaissance ou d'acceptation de la loi de cause à effet, où les actions individuelles et les choix ont un impact direct sur les résultats de la vie. Cette attitude peut conduire à un cycle de négativité et d'impuissance, empêchant la personne de prendre des mesures constructives pour améliorer sa situation.

5. **La loi de l'attraction** est un concept spirituel et philosophique qui a captivé l'imagination de millions de personnes à travers le monde. Elle est souvent décrite comme une loi universelle, selon laquelle des pensées et

sentiments similaires s'attirent mutuellement. Selon cette loi, en cultivant des pensées positives, nous pouvons attirer des expériences positives dans notre vie, et vice versa.

La base de la loi de l'attraction repose sur l'idée que l'univers fonctionne à travers une série de lois immuables qui régissent la réalité. L'une de ces lois est que nos pensées et émotions émettent une certaine fréquence vibratoire qui attire des événements et des situations de fréquence similaire. En d'autres termes, si nous pensons constamment à la réussite, à l'amour et à l'abondance, nous sommes susceptibles d'attirer ces mêmes éléments dans notre vie.

L'esprit humain aurait un pouvoir immense et sous-estimé. Par le biais de la visualisation, de l'affirmation, de la croyance ou de la conviction, nous pouvons remodeler notre réalité. Cela implique de se concentrer sur des pensées positives, de visualiser nos objectifs et désirs comme étant déjà accomplis, et d'avoir une foi inébranlable dans le processus.

Cependant, la loi de l'attraction n'est pas exempte de critiques. Les sceptiques la considèrent comme une pseudo-science, arguant que l'idée que les pensées peuvent directement influencer la réalité matérielle est non seulement non prouvée, mais aussi potentiellement dangereuse. Ils avertissent que cela pourrait amener les gens à croire que de simples pensées positives suffisent pour résoudre des problèmes complexes ou sérieux, comme la maladie ou la pauvreté.

Malgré ces réserves, la loi de l'attraction a une large base de partisans. Des livres comme "Le Secret" de Rhonda Byrne, qui popularise cette loi, ont eu un immense succès dans le monde entier. Ses adeptes affirment avoir expérimenté des changements radicaux dans leur vie en appliquant ses principes.

Loi de l'attraction est une philosophie qui encourage les gens à se concentrer sur des pensées positives pour attirer des expériences positives. Elle a inspiré de nombreuses personnes à adopter une attitude plus positive et pro-active.

Conséquences de l'incompréhension de la loi de l'attraction

Rappel : selon cette loi, nous attirons dans notre vie ce sur quoi nous concentrons nos pensées et nos énergies, qu'il s'agisse de positif ou de négatif.

Si une personne ne comprend pas ou ignore cette loi, plusieurs conséquences peuvent en découler :

1. Création inconsciente de la réalité : en ignorant la loi de l'attraction, une personne pourrait inconsciemment attirer des situations ou des expériences négatives en se concentrant sur des pensées négatives, des craintes ou des doutes.

2. Manque d'autonomie dans la prise de décision : sans la compréhension de comment nos pensées influencent notre réalité, une personne peut se sentir impuissante ou victime des circonstances, croyant que la vie lui arrive sans qu'elle ait un rôle à jouer.

3. Opportunités manquées : en ne se concentrant pas sur les objectifs ou les désirs positifs, ou en ne croyant pas en leur réalisation, une personne peut manquer des occasions de croissance et de réussite.

4. Impact sur le bien-être émotionnel : l'ignorance de la loi de l'attraction peut entraîner des sentiments de désespoir, de pessimisme ou de frustration, car la personne peut se sentir déconnectée de la capacité de façonner sa propre vie.

5. Relations affectées : les attitudes et les vibrations émises par une personne influencent son entourage. Ne pas comprendre cette dynamique peut entraîner des relations tendues ou insatisfaisantes.

6. Limitation du potentiel personnel : en ne reconnaissant pas le pouvoir de ses propres pensées et sentiments, une personne peut se limiter dans son développement personnel, professionnel, et dans sa quête de bonheur.

Voici dix phrases typiques formulées par une personne qui ne comprend pas ou ignore la loi de l'attraction, accompagnées d'explications sur leurs répercussions :

1. Phrase : "Je n'arrive jamais à obtenir ce que je veux."

   - Répercussion : cette affirmation renforce la croyance en l'impuissance personnelle et attire davantage de situations où la personne se sent incapable d'atteindre ses objectifs.

2. Phrase : "Les choses bien n'arrivent qu'aux autres."

   - Répercussion : cela crée un état d'esprit de jalousie et d'envie, bloquant la possibilité de voir et de créer des opportunités positives dans sa propre vie.

3. Phrase : "Je suis toujours malchanceux."

   - Répercussion : une telle déclaration peut conduire à un biais de confirmation où la personne ne remarque que les expériences négatives, renforçant sa croyance en sa malchance.

4. Phrase : "Je ne serai jamais riche."

- Répercussion : cette phrase limite la croyance en la possibilité d'abondance financière et peut mener à des actions et des décisions qui empêchent la prospérité financière.

5. Phrase : "Je trouve toujours des partenaires qui ne me conviennent pas."

- Répercussion : cela peut mener à des schémas répétitifs dans les relations amoureuses, attirant des partenaires qui reflètent cette croyance négative.

6. Phrase : "Rien de bon ne m'arrive jamais."

- Répercussion : ce pessimisme général peut obscurcir la perception des événements positifs et réduire la motivation à poursuivre des objectifs et des rêves.

7. Phrase : "Je suis toujours malade."

- Répercussion : une telle affirmation peut accentuer une attention excessive sur la maladie, potentiellement influençant la santé physique et mentale négativement.

8. Phrase : "C'est impossible pour moi de réussir."

- Répercussion : cela crée un plafond mental qui empêche la personne d'essayer de nouvelles choses ou de prendre des risques, limitant ainsi ses opportunités de succès.

9. Phrase : "Je n'ai pas de chance dans la vie."

- Répercussion : cette croyance peut entraîner un sentiment de désespoir et d'impuissance, empêchant la personne de voir et de saisir les opportunités de changement positif.

10. Phrase : "Je n'arrive pas à changer ma situation."

- Répercussion : cette déclaration peut mener à une passivité et un manque d'action proactive, renforçant le sentiment d'être coincé dans une situation indésirable.

Chacune de ces phrases illustre un état d'esprit qui peut potentiellement créer une réalité négative, en accord avec la loi de l'attraction qui suggère que nos pensées et croyances influencent notre réalité. En changeant ces affirmations en pensées plus positives et constructives, une personne peut commencer à attirer des expériences plus positives dans sa vie.

6. **La loi du rythme** est un concept extraordinaire qui suggère que l'existence est intrinsèquement rythmique et cyclique, à l'instar des saisons ou des marées. Cette loi propose que la vie n'est pas linéaire mais se déroule en une série de cycles récurrents. En observant attentivement les rythmes de la nature, on peut apprendre à mieux comprendre et à naviguer dans les hauts et les bas de notre propre existence.

La métaphore des saisons illustre parfaitement cette loi. Tout comme l'hiver cède la place au printemps, suivi de l'été puis de l'automne, la vie humaine connaît également des périodes de croissance, de floraison, de récolte et de repos. Chaque phase a son importance et sa beauté, et apprendre à les accepter est essentiel pour une vie équilibrée. Les périodes de défis, comparables à l'hiver, ne sont pas seulement des moments de difficultés mais aussi des opportunités pour la réflexion et la croissance intérieure.

De même, le phénomène des marées, avec ses flux et reflux réguliers, symbolise la dynamique des expériences de vie. Comprendre que les périodes de recul ou de perte ne sont que temporaires, et qu'elles seront suivies par des moments de gain et d'avancement, peut aider à maintenir l'espoir et la motivation dans les périodes difficiles.

La loi du rythme encourage également à vivre en harmonie avec ces cycles naturels. Par exemple, reconnaître quand il est temps de se reposer et quand il est temps d'agir peut améliorer notre efficacité et notre bien-être. Ignorer ces rythmes peut conduire au burn-out ou à la frustration, car cela va à l'encontre des cycles naturels de l'énergie et de la croissance.

Enfin, cette loi suggère que, tout comme la nature, nous sommes en constante évolution. Chaque cycle apporte de nouvelles leçons, expériences et opportunités de croissance. En embrassant ces rythmes naturels, on peut apprendre à mieux se connaître, à développer la résilience et à naviguer avec plus de sagesse et de fluidité à travers les divers chapitres de la vie. La loi du rythme nous rappelle que chaque phase de la vie, qu'elle soit perçue comme positive ou négative, fait partie d'un plus grand cycle de transformation et de renouveau.

Si une personne ne comprend pas ou ignore la loi du rythme, cela pourrait entraîner plusieurs conséquences :

1. Manque d'harmonie avec l'environnement : ignorer les rythmes naturels peut conduire à un désalignement avec les cycles environnementaux et sociaux, entraînant potentiellement des difficultés dans la gestion du temps, le stress, et un sentiment de décalage avec le monde extérieur.

2. Problèmes de gestion des émotions : ne pas reconnaître les cycles émotionnels naturels peut conduire à des difficultés dans la gestion des hauts et des bas émotionnels, entraînant une instabilité émotionnelle.

3. Difficultés de planification et d'adaptation : ignorer les rythmes naturels peut entraîner des difficultés à planifier efficacement et à s'adapter aux changements, ce qui peut affecter négativement les aspects personnels et professionnels de la vie.

4. Épuisement et burnout : aller constamment à contre-courant des rythmes naturels peut mener à l'épuisement physique et mental, car la personne n'accorde pas suffisamment de temps au repos et à la récupération.

5. Manque de croissance personnelle : ne pas reconnaître et travailler avec les rythmes naturels peut limiter les opportunités de croissance personnelle et d'apprentissage, car la personne peut manquer des moments clés pour l'action ou la réflexion.

Pour conclure, ne pas comprendre ou ignorer la loi du rythme peut avoir des répercussions significatives sur la vie d'une personne, affectant son bien-être émotionnel, physique, et mental, ainsi que sa capacité à interagir efficacement avec le monde qui l'entoure.

Voici 10 phrases typiques formulées par une personne qui ne comprend pas ou ignore la "loi du rythme", accompagnées d'une explication de leurs répercussions :

1. Phrase : "Je me sens constamment dépassé et je n'arrive jamais à rattraper mon retard."

Explication : cela montre un désalignement avec les cycles naturels de travail et de repos, conduisant à l'épuisement et au stress.

2. Phrase : "Je ne prends jamais de pauses ; je dois toujours être productif."

Explication : ignorer le besoin de repos peut mener au burnout et à une diminution de la productivité à long terme.

3. Phrase : "Je dors peu, le sommeil est une perte de temps."

Explication : le manque de sommeil va à l'encontre du rythme naturel du corps, ce qui peut avoir des effets négatifs sur la santé physique et mentale.

4. Phrase : "Je ne comprends pas pourquoi je me sens si mal, même quand tout va bien."

Explication : ne pas reconnaître les cycles émotionnels naturels peut conduire à une confusion et à une difficulté à gérer les émotions.

5. Phrase : "Les vacances sont inutiles, je préfère travailler."

Explication : nier la nécessité de prendre des pauses et de se détendre peut entraîner un déséquilibre dans la vie et un manque de récupération.

6. Phrase : "Je mange à des heures irrégulières, souvent en travaillant."

Explication : ignorer les rythmes naturels de repas peut perturber la digestion et l'apport énergétique, affectant la santé globale.

7. Phrase : "Je ne fais jamais de pause, même quand je suis malade."

Explication : ne pas respecter le besoin de récupération du corps pendant la maladie peut prolonger la convalescence et aggraver l'état de santé.

8. Phrase : "Je ne comprends pas pourquoi je suis si irrité tout le temps."

Explication : l'irritabilité peut être le signe d'un manque de synchronisation avec les rythmes naturels, entraînant un stress et une tension constants.

9. Phrase : "Je travaille mieux sous pression constante."

Explication : privilégier le travail sous pression peut ignorer les cycles naturels de productivité et de créativité, conduisant potentiellement à une qualité de travail inégale.

10. Phrase : "Je n'ai pas besoin de routine, je vis au jour le jour."

Explication : bien que la flexibilité soit utile, l'absence totale de routine peut mener à un déséquilibre dans la gestion du temps et dans les habitudes de vie, perturbant les rythmes naturels.

Ces phrases révèlent une tendance à ignorer ou à mal comprendre l'importance des cycles naturels et des rythmes dans la vie quotidienne, ce qui peut avoir des conséquences négatives sur le bien-être physique, émotionnel et mental.

7. **La loi de la polarité** est un principe fondamental qui suggère que tout dans l'univers est doté de deux extrêmes opposés ou complémentaires. Cette loi souligne l'existence inévitable de contrastes dans notre réalité, comme le chaud et le froid, la lumière et l'obscurité, le bonheur et la tristesse. Ces opposés ne sont pas seulement des aspects contradictoires mais plutôt des extrémités d'un même continuum, permettant de comprendre le monde sous un angle plus riche et plus nuancé.

Selon cette loi, chaque expérience, chaque sentiment ou chaque situation possède un pôle opposé ou complémentaire, ce qui offre une perspective de relativité. Par exemple, la tristesse prend son sens en opposition à la joie, et le courage se définit en réaction à la peur. Cette interdépendance des opposés permet de mieux apprécier chaque aspect de notre vie, en reconnaissant que les expériences négatives ont une valeur tout aussi importante que les positives.

Cette loi enseigne également l'équilibre et l'harmonie. Elle suggère que pour atteindre un état d'équilibre dans notre vie, nous devons reconnaître et accepter les deux pôles de toute situation. Cela implique d'embrasser les moments difficiles avec la même ouverture que les moments heureux, comprenant que les défis sont des opportunités de croissance et d'apprentissage. En acceptant la dualité inhérente à chaque aspect de l'existence, on peut atteindre une compréhension plus profonde de soi-même et du monde.

En outre, cette loi peut être appliquée dans la quête du développement personnel. Elle encourage à voir au-delà de la surface des événements, à chercher des leçons dans les échecs et à trouver de la force dans les faiblesses. Elle rappelle que dans chaque situation négative, il y a un potentiel pour un changement positif, et que dans chaque fin, il y a un nouveau début.

La loi de la polarité est une invitation à embrasser la complexité de la vie, à reconnaître que chaque expérience, bonne ou mauvaise, est essentielle à notre croissance et à notre compréhension du monde. Elle nous enseigne que l'équilibre et l'harmonie se trouvent non pas en ignorant un pôle au profit de l'autre, mais en acceptant et en intégrant les deux.

Si une personne ne comprend pas ou ignore la loi de la polarité, cela peut avoir plusieurs conséquences :

1. Manque de perspective et de compréhension : ne pas reconnaître la dualité inhérente à toutes choses peut mener à une vision manichéenne du monde, créant une fausse dichotomie entre "bon" et "mauvais" sans reconnaître les nuances et les interdépendances.

2. Difficultés à gérer les conflits et les défis : ignorer la loi de la polarité peut rendre une personne moins apte à naviguer dans les situations complexes ou conflictuelles, car elle peut ne pas reconnaître que chaque situation ou problème contient souvent des éléments de son opposé.

3. Manque de résilience : ne pas comprendre la nature cyclique des extrêmes peut rendre plus difficile pour une personne de faire face aux hauts et bas de la vie, car elle pourrait ne pas saisir que les périodes difficiles peuvent conduire à des opportunités de croissance et de changement.

4. Problèmes dans les relations interpersonnelles : la méconnaissance de la polarité peut conduire à des attentes irréalistes dans les relations, où les différences et les oppositions sont perçues comme des obstacles insurmontables plutôt que comme des opportunités d'apprentissage mutuel et de croissance.

5. Stagnation personnelle : ignorer la loi de la polarité peut empêcher une personne de reconnaître et d'embrasser pleinement sa propre complexité et celle des autres, limitant ainsi son développement personnel et spirituel.

Voici 10 phrases typiques d'une personne qui ne comprend pas ou ignore cette loi, accompagnées de leurs répercussions :

1. Phrase : "C'est toujours malchance après malchance, rien de bon ne m'arrive jamais."

   - Répercussion : cette vision unilatérale empêche la personne de reconnaître et d'apprécier les moments positifs, conduisant à une perspective généralement négative de la vie.

2. Phrase : "Les gens sont soit complètement mauvais, soit complètement bons."

- Répercussion : cette dichotomie stricte limite la capacité de la personne à voir la complexité et la nuance dans les comportements humains, ce qui peut entraîner des jugements hâtifs et des relations interpersonnelles tendues.

3. Phrase : "Si ce n'est pas parfait, c'est un échec total."

- Répercussion : cette mentalité tout ou rien peut mener à un perfectionnisme malsain et à une peur de l'échec, ce qui peut entraver la croissance personnelle et la prise de risque.

4. Phrase : "Je suis soit complètement heureux, soit complètement misérable."

- Répercussion : cette polarisation des émotions peut indiquer un manque de régulation émotionnelle et mener à des sautes d'humeur extrêmes.

5. Phrase : "Les choses ne vont jamais s'améliorer pour moi."

- Répercussion : cette perspective fataliste peut entraîner un sentiment d'impuissance et de désespoir, empêchant la personne de prendre des initiatives pour améliorer sa situation.

6. Phrase : "Ce n'est jamais de ma faute, c'est toujours à cause des autres."

- Répercussion : ce refus d'accepter la responsabilité peut empêcher l'apprentissage et la croissance personnelle, et peut causer des conflits dans les relations.

7. Phrase : "La vie est soit un grand succès, soit un échec total."

- Répercussion : cette vision extrême peut conduire à une pression et à une anxiété inutile concernant la réussite, ainsi qu'à une incapacité à apprécier les petites victoires.

8. Phrase : "Si je ne suis pas amoureux, alors ma vie est vide."

- Répercussion : cela peut conduire à une dépendance émotionnelle dans les relations amoureuses et à une incapacité à trouver du contentement et de la satisfaction en dehors d'une relation.

9. Phrase : "Je suis soit totalement compétent, soit totalement incompétent."

- Répercussion : cette vision binaire de la compétence peut mener à une faible estime de soi et à un manque de confiance dans la capacité à apprendre et à s'améliorer.

10. Phrase : "Les gens ne changent jamais, ils restent les mêmes."

- Répercussion : cette croyance statique sur la nature humaine peut empêcher la personne de reconnaître le potentiel de croissance et de changement chez elle-même et chez les autres.

8. La loi de la transmutation perpétuelle de l'énergie est un concept fondamental qui souligne une vérité incontournable de notre univers : l'énergie est constamment en mouvement et peut changer de forme. Selon cette loi, aucune énergie n'est statique ou fixe ; elle est perpétuellement en flux, se transformant et se métamorphosant d'une forme à une autre. Cette idée trouve ses racines dans de nombreuses traditions philosophiques et spirituelles, ainsi que dans les principes scientifiques de la physique.

D'un point de vue scientifique, la loi de la transmutation perpétuelle de l'énergie s'aligne étroitement sur le premier principe de la thermodynamique, également connu sous le nom de loi de conservation de l'énergie. Cette loi stipule que l'énergie ne peut être ni créée ni détruite, mais seulement transformée d'une forme à une autre. Par exemple, l'énergie chimique stockée dans les aliments que nous mangeons est convertie en énergie mécanique, thermique et électrique dans notre corps, nous permettant de bouger, de réfléchir et de maintenir notre température corporelle.

Au-delà de la physique, cette loi offre une perspective puissante sur la capacité à transformer les énergies négatives en positives dans notre vie quotidienne. Elle suggère que les émotions ou les pensées négatives ne doivent pas être perçues comme des impasses, mais plutôt comme des opportunités de transformation. En reconnaissant que l'énergie négative peut être convertie en une forme plus positive, nous ouvrons la porte à la croissance personnelle et au bien-être émotionnel. Cette transformation peut impliquer diverses pratiques, telles que la méditation, la réflexion introspective, l'art, ou même des conversations thérapeutiques.

Dans un sens plus large, la loi de la transmutation perpétuelle de l'énergie nous rappelle que tout dans l'univers est interconnecté et en constante évolution. Les systèmes écologiques, les sociétés, et même nos propres vies sont des exemples de cette dynamique perpétuelle de changement et de transformation. En embrassant cette loi, nous apprenons à mieux naviguer dans les hauts et les bas de l'existence, reconnaissant que chaque expérience, qu'elle soit positive ou négative, fait partie d'un cycle plus large de croissance et de transformation.

Ainsi, la loi de la transmutation perpétuelle de l'énergie est à la fois une vérité scientifique et une sagesse philosophique. Elle nous enseigne que rien n'est permanent, que tout change et que, dans ce changement perpétuel, réside un potentiel immense pour la transformation positive et l'enrichissement de nos vies.

Si une personne ne comprend pas ou ignore cette loi, plusieurs conséquences peuvent en découler :

1. Manque de réalisation du pouvoir personnel : ne pas reconnaître la capacité à transmuter ou à changer l'énergie peut conduire à un sentiment d'impuissance ou de fatalisme, où l'individu se sent incapable de changer sa situation ou ses circonstances.

2. Stagnation émotionnelle et mentale : l'ignorance de cette loi peut mener à une incapacité de gérer et de transformer les émotions négatives ou les pensées destructrices, entraînant potentiellement des états prolongés de tristesse, colère, ou anxiété.

3. Difficultés dans les relations et interactions : une personne qui ne comprend pas la transmutation de l'énergie peut avoir du mal à créer des relations positives, car elle pourrait ne pas reconnaître comment ses propres énergies (pensées, émotions) influencent les autres.

4. Opportunités manquées de croissance et d'évolution : l'ignorance de cette loi peut limiter la capacité de l'individu à se développer et à évoluer, car elle ne reconnaît pas le potentiel de transformation des défis en opportunités de croissance.

5. Résistance au changement : ne pas comprendre la nature fluide et changeante de l'énergie peut entraîner une résistance au changement, ce qui peut conduire à un sentiment de frustration et de stagnation dans divers aspects de la vie.

6. Perte de potentiel créatif : ignorer la transmutation perpétuelle de l'énergie peut limiter la créativité de l'individu, car elle ne saisit pas comment transformer ses idées et ses inspirations en réalités tangibles.

Voici 10 phrases typiques et les explications de leurs répercussions :

1. Phrase : "Je me sens épuisé tout le temps, rien ne change jamais."

   - Explication : cette perspective peut entraîner un sentiment de désespoir et de stagnation, ne reconnaissant pas que l'énergie peut être revitalisée ou transformée.

2. Phrase : "Les choses sont comme elles sont, je ne peux rien y faire."

   - Explication : cela reflète un sentiment d'impuissance, ignorant la capacité à transformer activement sa situation.

3. Phrase : "Je suis toujours en colère contre cette personne."

- Explication : un tel ressentiment continu indique une incapacité à transformer les énergies négatives en apprentissage ou en lâcher-prise.

4. Phrase : "Je ne me sens jamais vraiment heureux ou satisfait."

- Explication : cela peut indiquer un manque de reconnaissance que le bonheur est une énergie qui peut être cultivée et transformée à partir d'états internes.

5. Phrase : "Je suis coincé dans cette situation."

- Explication : cette vision reflète une incapacité à voir le potentiel de transformation et d'évolution dans les situations difficiles.

6. Phrase : "Je n'ai aucun contrôle sur ma vie."

- Explication : cela peut mener à une passivité, ne reconnaissant pas le pouvoir de transformer les circonstances par des choix et des actions.

7. Phrase : "Mon passé détermine qui je suis."

- Explication : cette croyance peut empêcher une personne de transformer son identité et de croître au-delà de ses expériences passées.

8. Phrase : "Je ne changerai jamais."

- Explication : cela indique une résistance à l'idée que la transformation personnelle est possible et nécessaire pour le développement.

9. Phrase : "Je ne peux pas surmonter cette habitude."

- Explication : cela peut conduire à un cycle continu de comportements négatifs, sans reconnaître la capacité de transformer les habitudes.

10. Phrase : "Les émotions négatives sont mauvaises et devraient être évitées."

- Explication : cette vue peut entraîner la suppression des émotions plutôt que leur compréhension et leur transformation en expériences d'apprentissage.

Ces phrases reflètent un manque de compréhension de la capacité de transformer activement les énergies dans la vie d'une personne, menant souvent à un sentiment d'impuissance et de stagnation.

9. **La loi de la compensation** est un principe philosophique et spirituel profondément enraciné dans de nombreuses cultures et croyances à travers le monde. Elle postule qu'il existe dans l'univers un système d'équilibre et d'harmonie, garantissant que pour chaque perte ou désavantage subi, il y a un gain ou un avantage équivalent. Cette loi, souvent perçue comme une forme de justice ou d'équilibre cosmique ou de karma, suggère que rien dans la vie n'est véritablement perdu ou gagné, mais plutôt transformé ou déplacé.

Cette loi encourage les individus à regarder au-delà des apparences immédiates des événements de la vie. Par exemple, lorsqu'une opportunité est manquée, cette loi suggère qu'une autre, peut-être inattendue, se présentera. Cela aide les gens à maintenir l'espoir et la persévérance face aux défis, en leur rappelant que chaque obstacle peut être une ouverture vers de nouvelles possibilités. Cette perspective peut être particulièrement réconfortante dans les moments de perte ou d'échec, offrant un sens de l'ordre et de la finalité dans ce qui pourrait autrement sembler chaotique ou injuste.

Dans le contexte du développement personnel, la loi de la compensation peut être vue comme un appel à l'action pour chercher activement l'équilibre et la justice dans nos vies. Elle encourage à la réflexion et à l'auto-évaluation, nous incitant à considérer comment nos actions et nos choix influencent notre réalité. Cela peut impliquer de reconnaître nos propres erreurs et d'apprendre d'elles, ou de comprendre que nos défis actuels pourraient être le fondement de notre croissance future.

Sur le plan pratique, cette loi peut être appliquée dans divers domaines de la vie, tels que les relations, la carrière et la santé personnelle. Dans les relations, par exemple, la loi de la compensation peut encourager une personne à investir dans des amitiés saines, en reconnaissant que les efforts et l'attention donnés aux autres reviendront souvent de manière positive. Dans le domaine professionnel, elle peut inspirer quelqu'un à poursuivre l'excellence et l'intégrité, sachant que ces qualités seront éventuellement reconnues et récompensées.

La loi de la compensation n'est pas simplement un concept abstrait, mais un guide pratique pour vivre une vie équilibrée et épanouissante. Elle rappelle que, bien que la vie puisse parfois sembler injuste ou difficile, il y a toujours un potentiel de croissance, de développement et de récompense équivalente. En adoptant cette loi, on peut trouver du réconfort dans l'idée que l'univers travaille de manière à équilibrer les choses, en favorisant un sentiment d'équité et d'harmonie dans nos vies.

Si une personne ne comprend pas ou ignore la loi de la compensation, cela pourrait entraîner plusieurs conséquences :

1. Manque de responsabilité personnelle : ignorer cette loi peut conduire à un manque de reconnaissance de l'impact de ses actions sur soi-même et sur les autres, ce qui peut entraîner un comportement irresponsable ou égoïste.

2. Difficultés relationnelles : une personne qui ne comprend pas la loi de la compensation peut avoir des difficultés à maintenir des relations saines et équilibrées, car elle pourrait ne pas reconnaître l'importance de donner et de recevoir de manière équitable.

3. Problèmes éthiques et moraux : l'ignorance de cette loi peut mener à des décisions et des actions qui sont moralement ou éthiquement discutables, ce qui peut entraîner des répercussions négatives sur la réputation et les relations de la personne.

4. Manque de croissance personnelle : ne pas reconnaître les conséquences de ses actions peut empêcher une personne d'apprendre de ses erreurs et de grandir en tant qu'individu.

5. Insatisfaction et déséquilibre : ignorer la loi de la compensation peut conduire à une quête incessante de gains personnels sans considération pour les autres, ce qui peut mener à un sentiment de vide et d'insatisfaction.

6. Conséquences imprévues : une personne qui ignore cette loi peut être confrontée à des conséquences inattendues de ses actions, car elle ne prend pas en compte l'équilibre

Voici dix phrases typiques qu'une personne qui ne comprend pas ou ignore "La loi de la compensation" pourrait formuler, accompagnées d'explications sur leurs répercussions :

1. Phrase : "Peu importe combien je travaille, je ne reçois jamais ce que je mérite."

   - Explication : cette attitude peut conduire à un sentiment d'impuissance et de victimisation, empêchant la personne de reconnaître ses propres contributions à sa situation et de prendre des mesures constructives pour l'améliorer.

2. Phrase : "Les autres ont toujours plus de chance que moi."

   - Explication : cela peut entraîner une jalousie et un ressentiment inutiles, et empêcher de voir les opportunités qui se présentent, car la personne est trop concentrée sur la comparaison avec les autres.

3. Phrase : "Je ne suis jamais récompensé à ma juste valeur."

   - Explication : cette perception peut mener à un manque d'appréciation pour les récompenses et les réussites actuelles, créant un cycle de mécontentement permanent.

4. Phrase : "Pourquoi essayer plus dur ? Ça ne change jamais rien."

   - Explication : cela peut engendrer un sentiment de fatalisme et d'inaction, où la personne ne s'efforce pas de changer sa situation, se privant ainsi de la possibilité de créer des résultats positifs.

5. Phrase : "Je ne suis pas responsable de ce qui m'arrive."

- Explication : cela peut conduire à un déni de responsabilité personnelle, limitant la capacité de la personne à effectuer des changements positifs dans sa vie.

6. Phrase : "Les choses ne s'améliorent jamais pour moi."

- Explication : cette pensée peut conduire à un état d'esprit pessimiste et défaitiste, empêchant la personne de reconnaître et de saisir les opportunités de croissance et d'amélioration.

7. Phrase : "C'est toujours la faute des autres si je n'obtiens pas ce que je veux."

- Explication : blâmer les autres peut entraver le développement personnel et la résolution de problèmes, car la personne évite de regarder ses propres actions et décisions.

8. Phrase : "Je ne reçois jamais de reconnaissance pour ce que je fais."

- Explication : cela peut créer un sentiment de non-appartenance et d'isolement, et peut empêcher la personne de valoriser ses propres réalisations, indépendamment de la reconnaissance extérieure.

9. Phrase : "Je suis toujours victime de malchance."

- Explication : adopter un rôle de victime peut entraver l'initiative et la motivation, car la personne peut se sentir impuissante à changer sa situation.

10. Phrase : "Il n'y a aucun point à essayer, car il n'y a jamais de résultats équitables."

- Explication : cela peut mener à l'apathie et au désengagement, ce qui peut faire passer à côté d'opportunités potentiellement gratifiantes et empêcher l'établissement d'objectifs significatifs.

Ces phrases et leurs répercussions montrent comment une compréhension limitée ou une méconnaissance de la loi de la compensation peut avoir un impact négatif sur la perception qu'une personne a de sa vie et de ses possibilités. Cela peut limiter sa capacité à reconnaître sa propre responsabilité dans la création de sa réalité et dans l'atteinte de ses objectifs.

10. La loi de l'éternel présent est une notion qui suggère que le passé, le présent et le futur ne sont pas des entités distinctes mais coexistent simultanément. Cette perspective, souvent explorée dans la philosophie et certaines traditions spirituelles, défie notre compréhension conventionnelle du temps comme une séquence linéaire d'événements.

Selon cette loi, chaque moment est une intersection de ces trois phases du temps. Le présent est perçu comme le point focal où l'influence peut être exercée. En se concentrant intensément sur le moment actuel, on peut non seulement vivre une expérience plus riche et plus complète, mais également exercer une influence sur les autres aspects du temps.

L'idée que nous pouvons guérir notre passé en agissant dans le présent est particulièrement puissante. Plutôt que de considérer le passé comme fixe et immuable, la loi de l'éternel présent suggère que nos actions et nos pensées actuelles peuvent modifier la façon dont nous percevons et sommes affectés par nos expériences passées. Cela ouvre la porte à une forme de guérison et de réconciliation avec des événements ou des sentiments passés qui auraient autrement semblé hors de notre portée.

De même, cette loi implique que notre futur est malléable et peut être façonné par nos choix et actions présents. Au lieu de voir l'avenir comme un chemin prédéterminé ou inévitable, nous le percevons comme un spectre de possibilités qui peut être influencé par notre état d'esprit et nos actions actuelles. Cela encourage une approche proactive de la vie, où chaque moment est une opportunité pour orienter notre avenir dans une direction souhaitée.

Cette loi nous invite donc à vivre pleinement chaque instant, à reconnaître le pouvoir de l'instant présent et à l'utiliser comme un levier pour influencer à la fois notre passé et notre futur. Elle souligne l'importance de la claire conscience et de la présence dans nos vies, nous rappelant que chaque moment est chargé de potentiel et de signification, et que notre pouvoir réside dans notre capacité à engager pleinement le présent.

Si une personne ne comprend pas ou ignore cette loi, plusieurs conséquences peuvent en découler :

1. Préoccupation excessive par le passé ou le futur : ne pas vivre dans le présent peut entraîner une préoccupation excessive par le passé (ruminations, regrets) ou par le futur (anxiété, peur), ce qui peut causer du stress et empêcher de profiter de la vie actuelle.

2. Manque de pleine conscience : ignorer le pouvoir du moment présent peut conduire à un manque de pleine

conscience, ce qui signifie que la personne pourrait ne pas être pleinement engagée ou consciente de ses expériences actuelles, réduisant ainsi sa capacité à apprécier et à s'épanouir dans la vie.

3. Difficultés de concentration et de productivité : ne pas se concentrer sur le présent peut affecter négativement la concentration et la productivité. La personne peut avoir du mal à terminer les tâches ou à rester engagée dans ses activités actuelles.

4. Problèmes relationnels : ignorer le moment présent peut également affecter les relations, car la personne peut ne pas être pleinement présente et attentive aux autres, ce qui peut conduire à des malentendus et à un manque de connexion.

5. Négligence des opportunités de croissance : en ne se concentrant pas sur le présent, une personne peut négliger les opportunités de croissance personnelle et d'apprentissage qui se présentent dans le moment actuel, limitant ainsi son développement personnel.

6. Diminution du bien-être émotionnel et physique : le manque de présence dans le moment actuel peut entraîner une diminution du bien-être émotionnel et physique, car la personne peut ne pas prendre soin de ses besoins immédiats ou reconnaître ses émotions actuelles.

Voici 10 phrases typiques que pourrait formuler une personne qui ne comprend pas ou ignore la loi de l'éternel présent, accompagnées de leurs explications quant aux répercussions de ces pensées :

1. Phrase : "Je ne peux pas m'arrêter de penser à ce qui s'est passé hier."

   - Explication : cette fixation sur le passé peut empêcher la personne de profiter et de tirer des leçons de l'instant présent, conduisant à un cycle de regrets ou de rumination.

2. Phrase : "Et si les choses tournent mal demain ?"

   - Explication : l'anxiété concernant l'avenir peut créer un stress inutile, limitant la capacité à agir efficacement dans le présent et à profiter des moments actuels.

3. Phrase : "Je me sens toujours mieux quand je planifie chaque détail de mon avenir."

   - Explication : bien que la planification soit utile, une focalisation excessive sur le contrôle de l'avenir peut entraîner un manque de flexibilité et de spontanéité, réduisant la capacité à s'adapter et à apprécier les surprises de la vie.

4. Phrase : "Je n'arrive pas à me concentrer sur aujourd'hui parce que je suis trop préoccupé par ce qui pourrait arriver."

   - Explication : cette préoccupation peut mener à un manque de concentration et de productivité dans le présent, affectant les performances et le bien-être général.

5. Phrase : "Je me demande constamment ce qui serait arrivé si j'avais fait des choix différents."

   - Explication : cette pensée peut créer un sentiment de regret et d'insatisfaction chronique, empêchant la personne de reconnaître et de valoriser les opportunités et les joies actuelles.

6. Phrase : "Je n'arrive pas à profiter de ce moment parce que je pense toujours à mon prochain projet."

- Explication : l'incapacité à se détacher des pensées futures peut empêcher de vivre pleinement l'instant présent et de se ressourcer.

7. Phrase : "Je suis encore fâché pour ce qui s'est passé il y a des années."

- Explication : garder rancune peut empoisonner l'état d'esprit actuel et les relations présentes, créant un fardeau émotionnel inutile.

8. Phrase : "Je me sens tellement mieux quand je pense à mes bons souvenirs du passé."

- Explication : bien que se remémorer de bons souvenirs soit agréable, une fixation sur ceux-ci peut mener à une idéalisation du passé au détriment de l'appréciation du présent.

9. Phrase : "Je crains toujours que le pire ne se produise."

- Explication : vivre dans une peur constante de l'avenir peut engendrer de l'anxiété et un sentiment de paralysie, empêchant de prendre des risques ou de profiter des nouvelles expériences.

10. Phrase : "Je passe tout mon temps à planifier mes prochaines vacances."

- Explication : bien qu'il soit normal de se réjouir de futurs événements, se concentrer exclusivement sur eux peut faire négliger les plaisirs et les responsabilités du quotidien, créant un déséquilibre dans la vie.

Ces phrases reflètent une tendance à ne pas vivre pleinement dans le présent, ce qui peut conduire à divers problèmes émotionnels, relationnels et de bien-être.

Ces lois universelles, quand elles sont comprises et intégrées dans nos vies, peuvent conduire à une existence plus consciente, équilibrée et harmonieuse. Elles nous encouragent à vivre avec une conscience plus grande de nous-mêmes, des autres, et de l'univers dans son ensemble.

Les concepts et les lois que vous venez de parcourir constituent la pierre angulaire de la pratique des soins énergétiques. Ces principes ne sont pas de simples théories abstraites ; ils sont le reflet des mécanismes profonds qui régissent notre univers et notre bien-être.

Comprendre ces lois, c'est acquérir la capacité de discerner quelle action est la plus appropriée en fonction des diverses situations que vous rencontrerez. Cette connaissance est déterminante car, dans la majorité des cas, les déséquilibres de santé, qu'ils soient d'ordres mentaux ou physiques, découlent d'une méconnaissance ou d'un non-respect de ces lois fondamentales.

En considérant la santé sous l'angle de l'Hypno-Magnétisme-Intégrative, nous reconnaissons que chaque maladie, chaque symptôme, est le résultat d'un déséquilibre énergétique. Ce déséquilibre peut être causé par divers facteurs, allant des pensées dévastatrices, aux perturbations émotionnelles et aux influences environnementales. En apprenant à identifier et à comprendre ces facteurs, en lien avec les lois universelles, nous ouvrons la voie à des interventions plus ciblées et efficaces.

De plus, il est important de réaliser que notre bien-être ne dépend pas uniquement de facteurs externes, mais également de notre état intérieur. Notre propre énergie, nos pensées, nos émotions, et notre conscience jouent un rôle majeur dans notre santé. Les lois sur lesquelles s'appuie l'Hypno-Magnétisme-Intégrative nous enseignent comment harmoniser ces différents aspects de notre être pour favoriser un état de santé optimal.

En intégrant ces lois dans votre pratique, vous apprendrez non seulement à traiter les symptômes, mais aussi à identifier et à rectifier les causes profondes des déséquilibres. Cela implique une approche holistique, où le soin est adapté à l'individu dans sa globalité, en tenant compte de son environnement, de son histoire personnelle, et de son état énergétique.

En somme, la connaissance de ces lois et concepts n'est pas simplement un outil théorique ; c'est une boussole qui guide le praticien dans l'art délicat de restaurer et de maintenir l'équilibre énergétique. Elle offre une compréhension plus profonde des intrications entre notre corps, notre esprit, et l'énergie qui nous anime, posant ainsi les fondations d'une pratique de soins énergétiques véritablement intégrative et transformative.

Principes universels, lois naturelles et leur application pratique

Niveau	Loi Naturelle	Description (simplifiée)	Applicabilité Pratique
1	Loi de l'Éternel Présent	Vivre pleinement dans le présent	Application quotidienne dans presque toutes les activités
2	Loi de l'Attraction	Attirer ce sur quoi on se concentre	Utilisée en permanence dans les pensées et actions
3	Loi du Rythme	Tout a un cycle ou un rythme	Pertinente pour la gestion du temps et des cycles de vie
4	Loi de Cause à Effet	Chaque action a une conséquence	Pertinente pour les décisions et les comportements quotidiens
5	Loi de la Polarité	Tout a son opposé	Aide à comprendre les dynamiques des situations de vie
6	Loi de Correspondance	Ce qui est en haut est comme ce qui est en bas ; Ce qui se passe à l'intérieur de nous se reflète à l'extérieur.	Influence la manière de percevoir et d'interagir avec le monde
7	Loi de Vibration	Tout dans l'univers est en vibration	Influence la conscience de l'énergie personnelle et environnementale
8	Loi de la Transmutation Perpétuelle de l'Énergie	L'énergie est en constante transformation	Pertinente pour la compréhension des changements et de la croissance personnelle

Niveau	Loi Naturelle	Description (simplifiée)	Applicabilité Pratique
9	Loi de l'Unité ou de l'Interconnexion	Tout est connecté	Plus philosophique, concerne la conscience de l'interconnexion
10	Loi de la Compensation	Les actions et les énergies sont compensées	Aide à comprendre l'équilibre et la justice dans la vie

Ces lois, bien qu'elles puissent être considérées individuellement pour leur compréhension et leur application, sont en réalité profondément interconnectées et indissociables. Chaque loi n'existe pas dans un vide mais est intrinsèquement liée aux autres, formant un système complexe et cohérent. Leur interdépendance signifie que la compréhension ou l'application d'une loi est souvent renforcée et éclairée par les principes des autres lois. Par exemple, la manière dont nous percevons notre connexion avec l'univers (Loi de l'unité ou de l'interconnexion) peut influencer notre compréhension de nos propres pensées et énergies (Loi de l'attraction et loi de vibration). De même, notre capacité à vivre dans l'instant présent (Loi de l'éternel présent) est souvent liée à notre compréhension de la causalité et des cycles naturels (Loi de cause à effet et loi du rythme). En somme, ces lois forment un tissu cohérent de principes qui se soutiennent et s'enrichissent mutuellement.

Ces lois revêtent une importance fondamentale pour le maintien de la santé et du bien-être, ainsi que pour l'harmonisation avec les rythmes de la vie et l'intelligence universelle. Leur compréhension et application consciente peuvent jouer un rôle déterminant dans l'équilibre physique, mental et émotionnel, et dans la connexion profonde avec les forces dynamiques qui régissent l'univers. En intégrant ces principes dans notre quotidien, nous ouvrons la voie à une vie plus équilibrée, harmonieuse et alignée avec les vastes réseaux d'interconnexions qui tissent notre réalité.

Harmonie de l'esprit, l'influence de la pensée sur le bien-être intérieur

Pensée en Harmonie avec les Lois Universelles	Conséquences sur l'Esprit et le Corps
- Alignement des pensées avec les principes universels	- Favorise l'équilibre et la paix intérieure
- Compréhension profonde des lois de la nature et de l'univers	- Réduit le stress et les conflits internes
Système Neurovégétatif en Harmonie	**Régulation des Fonctions Corporelles**
- Le système neurovégétatif s'ajuste en réponse à l'état d'esprit	- Régule les fonctions vitales selon les besoins
- Équilibre entre les réactions de lutte ou de fuite et le repos	- Maintient l'homéostasie et favorise la santé
Subconscient et Conscience Universelle Individualisée	**Communication et Signalisation**
- Le subconscient communique avec la conscience universelle individualisée	- Envoie des signaux à la conscience pour guider les décisions et les actions
- Agit comme un lien entre l'inconscient et le conscient	- Influence le comportement et les choix
État d'Esprit Serein	**Impact Global sur l'Être**
- Un état de tranquillité et de calme s'installe	- Bien-être mental, émotionnel et physique
- Réduction de l'anxiété, augmentation de la clarté mentale	- Amélioration de la qualité de vie et des relations interpersonnelles

DEUXIÈME PARTIE

Cette partie du livre traite de plusieurs sujets clés. Voici un index des sujets abordés :

1. **L'arythmie énergétique** : explore l'interaction entre l'énergie vitale et les émotions, et comment elles influencent notre bien-être quotidien.

2. **L'approche maïeutique** : discute de cette méthode d'auto-réflexion pour aider à comprendre et résoudre les problèmes émotionnels et physiques.

3. **La visualisation** : examine le rôle de la visualisation dans la définition de nos objectifs et perceptions, et son impact sur notre bien-être.

4. **L'hypnose pour l'inversion psychologique ou conceptuelle** : décrit comment l'hypnose peut être utilisée pour transformer les pensées et les émotions et favoriser la guérison.

5. **L'énergétique pour nettoyer les parties organiques et systèmes perturbés** : présente comment l'énergétique peut être utilisée pour harmoniser et aider à la guérison du corps*.

> ** Étant donné la complexité et la profondeur des méthodes et techniques en magnétisme et énergétique, elles méritent un ouvrage dédié. Il est donc impossible de les aborder en détail ici. Je vous encourage à consulter mes livres et la bande dessinée que j'ai réalisée, dans lesquels vous trouverez une multitude de méthodes et techniques précieuses et utiles.*

Chapitre 7

L'arythmie énergétique

Le concept de l'interaction entre l'énergie vitale et les émotions est prépondérant et mérite une exploration approfondie. Selon cette perspective, l'énergie vitale, un élément essentiel de notre bien-être, est étroitement liée à nos émotions. Cette idée suggère que nos émotions ne sont pas simplement des réactions passagères à des événements externes, mais des forces puissantes qui influencent de manière significative notre énergie vitale.

Cette conception des choses met en lumière le fait que nos émotions sont en perpétuelle fluctuation, influencées par un flux constant de pensées et de croyances. Cette dynamique crée une sorte d'arythmie dans notre énergie vitale, car nos pensées et émotions changent constamment. Ces variations peuvent avoir un impact considérable sur notre vie quotidienne. Par exemple, des pensées négatives ou des croyances limitatives peuvent provoquer des émotions négatives, perturbant ainsi notre énergie vitale. Cet état d'esprit négatif affecte notre capacité à prendre des décisions éclairées et à maintenir des comportements positifs. De plus, il a un impact sur notre santé, tant mentale que physique.

En outre, ce phénomène souligne l'importance de la conscience de soi et de la gestion des émotions. En comprenant les liens entre nos pensées, nos émotions et notre énergie vitale, nous pouvons apprendre à mieux réguler nos états émotionnels. Cette approche peut impliquer des pratiques de bien-être qui nous aident à observer et à modifier nos schémas de pensée.

Par conséquent, en cultivant des pensées et des croyances plus positives, nous pouvons potentiellement améliorer notre bien-être émotionnel et physique.

Ce concept souligne l'importance de prendre conscience de l'influence que notre environnement et nos interactions sociales exercent sur notre énergie vitale et notre bien-être général. Les individus et les situations que nous choisissons de fréquenter jouent un rôle significatif dans la stabilisation ou la perturbation de notre état d'esprit et de notre énergie. Ainsi, il est essentiel de porter une attention particulière à notre environnement et aux personnes qui occupent une place prépondérante dans notre vie quotidienne.

L'objectif n'est pas de porter un jugement sur les actions des autres ou de les accuser d'avoir de mauvaises intentions. Il s'agit plutôt de reconnaître l'importance de s'entourer de personnes positives et d'éviter les situations susceptibles de nuire à notre équilibre émotionnel. En étant attentif à l'impact de notre environnement social et en faisant des choix conscients sur les personnes et les situations auxquelles nous nous exposons, nous pouvons favoriser un état d'esprit plus serein et une meilleure qualité de vie.

Le lien entre l'énergie vitale et les émotions est un domaine complexe qui mérite une exploration plus poussée. Il soulève des questions importantes sur la façon dont nous gérons nos pensées et nos émotions et sur l'impact que cela peut avoir sur notre bien-être global. En prenant conscience de ce lien, nous pouvons travailler à améliorer notre santé émotionnelle et physique, en nous efforçant de maintenir une énergie vitale équilibrée et harmonieuse.

Arythmie énergétique, comprendre et gérer l'interaction entre émotions et énergie vitale

Concepts Clés	Implications et Applications
Interaction Énergie Vitale - Émotions	- Les émotions influencent de manière significative l'énergie vitale
- Les émotions ne sont pas de simples réactions	- Forces puissantes affectant le bien-être
- Étroitement liées à l'énergie vitale	
Dynamique des Pensées et des Émotions	- Crée une arythmie dans l'énergie vitale
- Fluctuation constante des émotions	- Impact sur la santé mentale et physique
- Influencées par les pensées et croyances	- Affecte la prise de décisions et les comportements
Importance de la Conscience de Soi	- Gestion des états émotionnels
- Comprendre l'impact des pensées sur les émotions	- Pratiques de bien-être pour réguler les émotions
- Apprendre à réguler les émotions	
Influence de l'Environnement et des Relations Sociales	- Rôle significatif dans l'état d'esprit et l'énergie
- Impact des individus et situations fréquentées	- Choix conscients sur l'exposition aux personnes et situations
- Importance de s'entourer de positivité	- Favorise un équilibre émotionnel et une meilleure qualité de vie
Exploration Approfondie du Lien Énergie Vitale - Émotions	- Impact sur le bien-être global
- Nécessité d'une prise de conscience accrue	- Travail sur l'amélioration de la santé émotionnelle et physique

Concepts Clés	Implications et Applications
- Importance de maintenir une énergie vitale équilibrée et harmonieuse	- Exploration continue des implications de ce lien

Chapitre 8
L'approche maïeutique

C'est ici que l'approche maïeutique prend une dimension particulièrement pertinente dans le contexte de la souffrance émotionnelle ou de la maladie physique. Cette méthode, comme nous l'avons vu dans la première partie du livre, est centrée sur l'interrogation et l'auto-réflexion, a pour but d'amener les individus à prendre conscience de leurs pensées et croyances profondes, souvent sources de leurs maux.

Le principe derrière cette approche est fondé sur l'idée que nos pensées, surtout lorsqu'elles sont basées sur des croyances limitantes, génèrent des fréquences vibratoires néfastes. Ces fréquences, en générant des émotions négatives, peuvent perturber le fonctionnement de notre système nerveux autonome. Cette perturbation peut alors se manifester par des dysfonctionnements dans divers systèmes et organes du corps. Par exemple, une pensée constamment anxieuse ou stressante peut induire une tension chronique dans le corps, affectant des systèmes comme le digestif ou le cardiovasculaire ou encore le système endocrinien, etc.

Ces fréquences vibratoires ne se limitent pas aux aspects physiques ; elles peuvent également influencer le corps éthérique, considéré dans de nombreuses traditions comme un double énergétique de notre corps physique. Les déséquilibres dans ce corps éthérique, résultant de pensées et émotions perturbatrices, peuvent alors déstabiliser la structure même des organes et des systèmes corporels.

La maïeutique intervient en facilitant une prise de conscience chez l'individu. En guidant la personne à examiner et à revisiter ses croyances et perceptions, cette méthode l'aide à identifier les racines profondes de ses problèmes émotionnels ou physiques. Cette prise de conscience est essentielle car elle peut initier un changement dans les fréquences vibratoires des pensées, qui à son tour, a un impact positif sur les émotions, les sentiments, et par conséquent, sur le bien-être physique et éthérique de l'individu.

Au cœur de la maïeutique, comme nous l'avons vu dans la première partie du livre, réside l'idée que chaque personne possède en elle une conscience universelle individualisée, une sorte de sagesse innée ayant toutes les informations nécessaires pour maintenir l'équilibre et le bon fonctionnement des différents corps. En se rapprochant de cette conscience grâce à la maïeutique, les individus sont souvent capables de trouver des solutions adaptées à leurs besoins spécifiques, qu'ils soient émotionnels, mentaux ou physiques.

Cette méthode de dialogue introspectif ne se limite pas à la résolution de problèmes ; elle encourage également une croissance personnelle et spirituelle continue. Elle permet aux individus de se connecter plus profondément avec eux-mêmes, de comprendre leurs propres mécanismes internes et d'apprécier la complexité de leur être. En définitive, la maïeutique offre un chemin vers une meilleure compréhension de soi et une plus grande harmonie entre le corps, l'esprit et l'âme, en aidant les personnes à libérer leur potentiel de guérison interne et à trouver un équilibre plus profond dans leur vie.

Approche Maïeutique et Conscience	Impact sur le Bien-Être et les Lois Universelles
Principes de la Maïeutique	**Influences sur le Corps et l'Esprit**
- Basée sur l'interrogation et l'auto-réflexion	- Identification des pensées et croyances limitantes
- Aide à prendre conscience des pensées et croyances profondes	- Modification des fréquences vibratoires négatives
- Facilite la découverte de la sagesse innée	
Pensées, Croyances et Fréquences Vibratoires	**Conséquences Physiques et Éthériques**
- Pensées basées sur des croyances limitantes génèrent des vibrations néfastes	- Impact sur le système nerveux autonome et les organes
- Émotions négatives perturbent le corps physique et éthérique	- Dysfonctionnements dans les systèmes corporels (digestif, cardiovasculaire, etc.)
	- Déséquilibres dans le corps éthérique
Rôle de la Conscience Universelle Individualisée	**Guérison et Équilibre**
- Chaque personne possède une conscience universelle individualisée	- Solutions adaptées aux besoins émotionnels, mentaux, physiques
- Sagesse innée pour maintenir l'équilibre et le bon fonctionnement	- Changement positif dans les pensées et les émotions
	- Amélioration du bien-être physique et éthérique
Croissance Personnelle et Spirituelle	**Harmonie Corps-Esprit-Âme**
- Encourage la croissance personnelle et spirituelle	- Compréhension de soi et connexion avec le soi intérieur

Approche Maïeutique et Conscience	Impact sur le Bien-Être et les Lois Universelles
- Permet une connexion plus profonde avec soi-même	- Appréciation de la complexité de l'être
- Libère le potentiel de guérison interne	- Chemin vers une plus grande harmonie entre le corps, l'esprit et l'âme

Amélioration intégrale par l'approche maïeutique, conscience, corps et lois universelles

Chapitre 9
La visualisation

La visualisation, dans le contexte de l'intelligence universelle individualisée, devient une pratique encore plus essentielle, transcendant son rôle traditionnel dans la réalisation d'objectifs de développement personnel, de santé, de bien-être de réalisation professionnelle, ainsi que d'harmonisation avec les lois fondamentales. Elle se révèle être un outil puissant, non seulement pour façonner notre perception du monde, mais aussi pour permettre l'émergence en surface d'informations déterminantes provenant de l'intelligence universelle.

Cette pratique de visualisation agit comme une clé qui ouvre les portes de notre subconscient, permettant à des révélations et des connaissances profondes de remonter à la surface. En se concentrant sur des images émergentes, nous créons un lien direct avec l'intelligence universelle individualisée, facilitant ainsi la réception de guidances et de compréhensions plus alignées avec notre chemin de vie personnel et nos besoins spécifiques.

Au-delà de la simple création de scènes ou d'objectifs, la visualisation devient un processus dynamique où nous dialoguons activement avec cette intelligence universelle. En visualisant, nous ne nous limitons pas à concevoir des résultats souhaités, mais nous plongeons dans un échange avec une source de sagesse profonde, récoltant des informations et des idées qui peuvent transformer notre manière de percevoir et de réagir aux différentes situations de la vie.

Ainsi, la visualisation s'inscrit dans un cadre beaucoup plus vaste, où elle n'est pas seulement un outil de manifestation, mais aussi un moyen d'accès à une compréhension plus vaste et connectée. Elle nous permet de dévoiler des perspectives et des solutions qui étaient jusqu'alors cachées, reflétant la sagesse de l'intelligence universelle individualisée. En pratiquant la visualisation avec cette conscience, nous enrichissons notre vie quotidienne non seulement de réalisations concrètes, mais aussi d'une profondeur et d'une perspicacité accrues.

Adoptons une approche concrète pour un moment dans le cadre de la visualisation

Prenons l'exemple d'un achat important. Il est courant qu'avant de réaliser cet achat, une personne passe beaucoup de temps à visualiser l'objet de son désir. Cette visualisation n'est pas une simple fantaisie passagère ; elle est un processus actif par lequel nous créons mentalement une image de ce que nous désirons, nous permettant ainsi de nous connecter émotionnellement et psychologiquement à cet objectif. C'est un mécanisme similaire qui est en jeu lorsque nous envisageons notre futur. Nous créons mentalement des images, voire des « films » de ce que pourrait être notre vie, influençant ainsi nos décisions et nos actions.

Ce processus de visualisation s'étend également à nos réactions face à des situations stressantes ou anxiogènes, comme lorsqu'un médecin prescrit des examens pour vérifier l'existence d'une maladie grave. Dans ces moments, l'angoisse peut s'installer, et la personne commence à imaginer le pire, allant parfois jusqu'à préparer mentalement un testament. Ces scénarios mentaux, bien qu'étant des réactions naturelles, peuvent avoir un impact profond sur notre bien-être émotionnel et physique.

C'est là que la maïeutique intervient en tant que processus de guérison. Après avoir engagé un dialogue maïeutique, la personne peut vivre une inversion psychologique ou conceptuelle, modifiant ainsi les fréquences vibratoires de ses pensées. Cette transformation permet de remplacer les images négatives par des visualisations plus positives et constructives.

En pratiquant une visualisation consciente et intentionnelle (ou futurisation) de son objectif, influencée par cette inversion, l'individu renforce les vibrations présentes et futures. Ce processus crée un potentiel vibratoire qui favorise la réalisation de l'objectif ou l'amélioration de la situation.

La visualisation, lorsqu'elle est utilisée consciemment dans le cadre de la maïeutique, devient un outil puissant pour transformer nos pensées et nos émotions. Elle nous permet de remplacer les scénarios négatifs par des visions plus positives et réalisables de notre avenir. Cela peut contribuer à une meilleure santé mentale et physique, car notre esprit et notre corps sont étroitement liés et réagissent à ces changements de fréquences vibratoires.

Ainsi, en combinant la maïeutique avec la pratique de la visualisation, nous pouvons non seulement mieux comprendre nos peurs et nos désirs, mais aussi activement influencer notre réalité future. Cette approche holistique, alliant réflexion intérieure et visualisation positive, ouvre la voie à un épanouissement plus complet, tant sur le plan personnel que spirituel. Elle nous enseigne que nous avons le pouvoir de façonner notre réalité et de surmonter les obstacles par la force de notre esprit et de notre imagination.

Visualisation transformative connexion avec l'intelligence universelle et renforcement personnel

Pratique de la Visualisation	Connexion avec l'Intelligence Universelle et Lois Naturelles
Rôle et Effets de la Visualisation	**Impact sur le Bien-Être et les Décisions**
- Plus qu'un outil de réalisation d'objectifs	- Influence notre perception du monde et nos actions
- Ouvre les portes du subconscient	- Permet l'émergence de connaissances profondes
- Crée un lien direct avec l'intelligence universelle	- Réception de guidances et compréhensions alignées
Visualisation comme Dialogue Dynamique	**Transformation des Pensées et Émotions**
- Échange actif avec l'intelligence universelle	- Récolte d'informations et idées transformant la perception
- Ne se limite pas à des scénarios souhaités	- Plonge dans une source de sagesse profonde
Visualisation dans des Situations Concrètes	**Modification des Fréquences Vibratoires**
- Processus actif dans la création mentale d'objectifs	- Influence sur les décisions et réactions face aux situations

Pratique de la Visualisation	Connexion avec l'Intelligence Universelle et Lois Naturelles
- Utilisée dans les réactions à des situations stressantes	- Impact sur le bien-être émotionnel et physique
Maïeutique et Visualisation	**Guérison et Amélioration des Situations**
- Inversion psychologique ou conceptuelle par la maïeutique	- Remplacement de visualisations négatives par des images positives
- Renforcement des vibrations présentes et futures	- Favorise la réalisation de l'objectif ou l'amélioration de la situation
Approche Holistique : Réflexion et Visualisation Positive	**Épanouissement Personnel et Spirituel**
- Comprendre nos peurs et désirs	- Influence active sur notre réalité future
- Combinaison de la maïeutique avec la visualisation	- Ouverture à un épanouissement plus complet
- Façonner notre réalité par la force de l'esprit et de l'imagination	- Surmonter les obstacles et atteindre un équilibre personnel et spirituel

Chapitre 10
L'hypnose pour installer l'inversion psychologique ou conceptuelle

L'hypnose, en tant que technique de guérison et de transformation personnelle, joue un rôle déterminant dans le processus de rétablissement de l'équilibre et de la santé. Cette pratique, surtout lorsqu'elle est intégrée dans un cadre de l'énergétique, prend une dimension particulièrement efficace après avoir traversé les étapes de la maïeutique et de la visualisation.

La séance d'hypnose, pour être fructueuse, doit s'appuyer sur les résultats obtenus lors des phases précédentes. Le praticien en hypnose doit intégrer les phrases formulées par l'individu pendant l'inversion psychologique réalisée en maïeutique, ainsi que les images mentales créées durant la visualisation. Cette approche permet de créer un lien direct entre l'esprit conscient et le subconscient de la personne. En effet, le subconscient, considéré comme étant en contact avec la conscience universelle individualisée, joue un rôle clé dans la transformation et la guérison.

L'objectif de l'hypnose est de communiquer efficacement avec le subconscient pour lui signifier que les symptômes et les problèmes identifiés ont été pleinement compris et intégrés. Cette étape est cruciale car elle marque le début d'un processus de guérison où les déséquilibres et perturbations identifiés sont traités.

La répétition des phrases et des images lors de l'hypnose renforce les nouvelles fréquences vibratoires initiées par l'inversion psychologique, favorisant ainsi une harmonisation vibratoire profonde et durable. Cette harmonisation vise à restaurer un état de santé optimal, un bien-être général et une volonté renforcée de maintenir cet équilibre en respectant les lois et principes naturels.

L'hypnose, dans ce contexte, agit comme un pont entre le conscient et le subconscient, permettant une transformation plus profonde et plus significative. En se focalisant sur les changements souhaités et en les intégrant au niveau subconscient, l'individu peut déclencher des processus de guérison et de transformation qui dépassent les limites du conscient. Ce processus peut conduire à une amélioration notable de divers troubles, allant des problèmes psychologiques aux déséquilibres physiques.

De plus, l'hypnose, en travaillant directement avec le subconscient, offre une voie d'accès unique à la sagesse et aux ressources intérieures de l'individu. Cela peut conduire à une prise de conscience accrue de ses propres capacités de guérison et de transformation. En mobilisant ces ressources internes, l'individu peut non seulement surmonter des problèmes spécifiques mais également initier un processus de croissance et de développement personnel.

Lorsqu'elle est intégrée dans un parcours thérapeutique qui englobe des techniques telles que la maïeutique, la visualisation et l'énergétique, l'hypnose se révèle être un outil extrêmement efficace pour favoriser le bien-être et la guérison.

Elle offre la possibilité de transformer les croyances limitatives, de corriger des comportements préjudiciables, et de rétablir un équilibre énergétique sain. Cette efficacité est toutefois conditionnée à la réalisation préalable d'une inversion psychologique.

Hypnose et transformation intérieure, synergie avec la visualisation et l'inversion psychologique

Hypnose et Processus de Guérison	Rôle de la Visualisation et Inversion Psychologique
Intégration de l'Hypnose dans le Processus Thérapeutique	**Préparation par la Maïeutique et la Visualisation**
- Utilisée pour le rétablissement de l'équilibre et la santé	- Inversion psychologique en maïeutique
- Particulièrement efficace après les étapes de maïeutique et visualisation	- Création d'images mentales durant la visualisation
Communication avec le Subconscient	**Utilisation des Résultats de la Maïeutique et de la Visualisation**
- Séance d'hypnose basée sur les phrases et images de ces phases	- Renforcement des fréquences vibratoires initiées
- Subconscient en contact avec la conscience universelle individualisée	- Harmonisation vibratoire profonde et durable
Objectifs de l'Hypnose	**Impact sur la Guérison et le Bien-Être**
- Signifier au subconscient la compréhension des symptômes et problèmes	- Restauration de la santé optimale et du bien-être général
- Déclencher le processus de guérison	- Amélioration de troubles psychologiques et physiques
Transformation par l'Hypnose	**Ressources Intérieures et Croissance Personnelle**
- Agit comme un pont entre conscient et subconscient	- Accès à la sagesse et aux ressources intérieures

Hypnose et Processus de Guérison	Rôle de la Visualisation et Inversion Psychologique
- Déclenche des processus de guérison au-delà des limites du conscient	- Croissance et développement personnel par mobilisation des ressources internes
Efficacité de l'Hypnose dans un Cadre Thérapeutique Complet	**Conditions pour l'Efficacité de l'Hypnose**
- Transforme les croyances limitatives, corrige les comportements	- Nécessité d'une inversion psychologique préalable
- Rétablissement d'un équilibre énergétique sain	- Intégration dans un parcours thérapeutique incluant maïeutique et visualisation

Chapitre 11
L'énergétique pour nettoyer les parties organiques, les systèmes perturbées et harmoniser le tout.

Pour finaliser le soin, le praticien utilise l'énergie vitale ambiante, une ressource puissante et omniprésente, pour purifier le corps des énergies résiduelles perturbées. Cette étape est essentielle car elle élimine les traces des déséquilibres antérieurs, laissant le patient dans un état de clarté et de renouvellement énergétique. Utilisant des techniques énergétiques avancées, le praticien harmonise les fréquences vibratoires du patient, adaptant son intervention à ses besoins spécifiques. Cette harmonisation est déterminante pour rétablir l'équilibre et le bien-être du patient.

Étant donné la complexité et la profondeur des méthodes et techniques en magnétisme et énergétique, elles méritent un ouvrage dédié. Il est donc impossible de les aborder en détail ici. Ces méthodes et techniques sont détaillées dans les ouvrages que j'ai écrits sur le sujet, notamment :

- "*la bande dessinée, Le magnétisme et l'énergétique en image*"
- "*Magnétisme et énergétique : au-delà des mythes vers une pratique éclairée*".

Ces livres offrent un aperçu approfondi de ces pratiques et constituent une ressource précieuse pour ceux qui souhaitent approfondir leur compréhension et leur pratique de l'énergétique et des soins énergétiques.

Après avoir travaillé sur différents aspects de la guérison ou de la transformation personnelle par d'autres techniques (comme la maïeutique, la visualisation et l'hypnose), l'énergétique vient compléter et renforcer ces efforts. Il agit en quelque sorte comme un agent de finalisation qui assure que les bénéfices obtenus grâce aux techniques antérieures sont bien intégrés et préservés.

En règle générale, les personnes sortent de la séance avec une sensation de soulagement, ressentant un état de bien-être total. Cette sensation est le résultat d'un travail complet et intégratif qui a non seulement traité les symptômes manifestes mais a également travaillé sur les plans plus subtils de l'être.

Dans la troisième partie de mon exposé, je vais présenter divers cas pratiques pour illustrer comment l'Hypno-Magnétisme-Intégrative peut être appliqué.

Ces exemples démontrent l'utilisation combinée des quatre méthodes abordées : la maïeutique, la visualisation, l'hypnose, et l'énergétique. Chaque cas sert d'illustration de la manière dont ces techniques peuvent être intégrées pour traiter une variété de troubles, offrant ainsi une vue d'ensemble de l'efficacité et de la polyvalence de cette approche holistique.

Rôle clé de l'énergétique dans le soin holistique, purification, harmonisation et intégration

L'Énergétique dans le Processus de Soin	Complémentarité avec Autres Techniques de Guérison
Purification et Harmonisation Énergétique	**Intégration des Techniques Antérieures**
- Utilisation de l'énergie vitale ambiante pour purifier le corps	- Finalisation du processus de guérison commencé avec d'autres techniques
- Élimination des énergies résiduelles perturbées - Harmonisation des fréquences vibratoires adaptée aux besoins du patient	- Intégration et préservation des bénéfices obtenus
Techniques Énergétiques Avancées	**Résultats et Sensations Post-Séance**
- Détails des méthodes dans les ouvrages spécialisés	- Sensation de soulagement et de bien-être total
- L'énergétique et l'énergétique en image et "Magnétisme et énergétique - Ressources pour approfondir la compréhension et la pratique de l'énergétique	- Effet intégratif sur les symptômes et les plans subtils de l'être
Rôle de l'Énergétique dans le Bien-Être Global	**Impact sur la Santé et l'Équilibre Personnel**
- Agit comme un agent de finalisation du processus de guérison	- Contribue à un état de clarté et de renouvellement énergétique
- Complète et renforce les efforts de guérison par d'autres techniques	- Restaure l'équilibre et le bien-être général

Chapitre 12
Comment utiliser votre subconscient pour maximiser vos soins énergétiques

Méthode de la main témoin

Avant de continuer, il est essentiel de vous présenter une méthode de vérification que j'utilise, elle est inspirée de l'effet idéomoteur de Carpenter. Je l'ai baptisée "la main témoin". Cette technique revêt une importance incontournable pour tout praticien, car elle offre un moyen de validation instantanée des pratiques employées.

L'effet idéomoteur, selon Carpenter, met en lumière la façon dont nos pensées inconscientes peuvent se manifester sous forme de mouvements corporels subtils, notamment dans les mains. En intégrant ce principe, "la main témoin" permet au praticien de recevoir des réponses corporelles immédiates et intuitives, facilitant ainsi la prise de décision et l'ajustement des techniques en temps réel. Cette méthode s'avère être un outil précieux pour affiner l'approche thérapeutique et garantir que les actions entreprises sont en harmonie avec les besoins spécifiques du patient.

Les mouvements idéomoteurs désignent des mouvements corporels inconscients déclenchés par des pensées ou des émotions, sans intervention consciente.

Ils sont souvent observés dans des contextes tels que l'hypnose, où les réactions non verbales, comme les mouvements des doigts, sont utilisées pour communiquer avec le subconscient. Ces mouvements sont le résultat de l'activité du cerveau qui, bien qu'inconsciente, se traduit en réactions physiques subtiles. Ils sont considérés comme des manifestations de processus psychologiques internes et peuvent servir d'outil pour accéder aux pensées et aux sentiments enfouis.

Le terme "idéomoteur" a été utilisé pour la première fois par William Benjamin Carpenter en 1852. Dans son article scientifique, il expliquait que les mouvements musculaires pouvaient être indépendants des désirs ou émotions conscients. Carpenter a contribué à la compréhension scientifique du phénomène idéomoteur, affirmant que les idées ou représentations mentales peuvent déclencher des réactions musculaires automatiques, souvent de minuscule amplitude et potentiellement hors de la conscience du sujet. Cette notion a joué un rôle dans l'explication du fonctionnement de la suggestion dans l'hypnotisme par James Braid, qui a adopté la terminologie idéomotrice de Carpenter pour transmettre ses vues fondamentales.

Le concept de signalisation idéomotrice, qui implique des mouvements inconscients tels que les mouvements des doigts, remonte au milieu du XIXe siècle. Des pionniers comme Chevreul et Carpenter ont joué un rôle clé dans le développement de la compréhension scientifique de ces mouvements idéomoteurs.

Ce phénomène est particulièrement pertinent dans le contexte de l'hypnose et de l'hypnoanalyse, où il est utilisé pour la communication non verbale, typiquement pour signaler des réponses "oui", "non" ou "Je ne veux pas répondre". La technique a été affinée et utilisée par divers praticiens au fil des années.

Un praticien peut utiliser des méthodes comme les mouvements idéomoteurs pour interroger son propre subconscient sur les soins à apporter à un patient. Cependant, il est essentiel de comprendre que ces techniques peuvent refléter les états émotionnels de l'individu et ne doivent pas se substituer à un jugement clinique rigoureux et à une prise de décision basée sur des connaissances médicales et thérapeutiques solides. Les réponses obtenues doivent être considérées comme des indicateurs subjectifs.

Voici quelques exemples illustrant comment cette méthode pourrait être utilisée dans le contexte du soin énergétique :

1. Évaluation de la fin d'un soin énergétique : un praticien de soin énergétique peut utiliser la méthode idéomotrice pour déterminer si un traitement est terminé. Par exemple, le praticien peut poser la question "Le soin énergétique est-il fini ?" et observer tout mouvement involontaire des doigts ou des mains qui peut suggérer une réponse inconsciente.

2. Détermination du nombre de séances nécessaires : dans le cas où un praticien souhaite savoir combien de séances sont nécessaires pour soulager une personne de sa maladie, la méthode idéomotrice peut être utilisée pour obtenir une réponse inconsciente. Le praticien peut poser des questions telles que "Faut-il plus de cinq séances pour aider cette personne ?" et observer les réactions involontaires.

3. Décision de prendre un patient en consultation : un praticien peut se questionner sur la pertinence de prendre une personne en consultation pour un soin énergétique. En posant des questions comme "Dois-je prendre cette

personne en consultation ?", le praticien peut se fier aux réactions idéomotrices pour guider sa décision.

4. Recherche des blocages inconscients : un praticien peut utiliser les mouvements idéomoteurs pour déterminer si des blocages inconscients spécifiques affectent le traitement d'un patient. Par exemple, des mouvements de doigts pourraient indiquer si des traumatismes non résolus interfèrent avec la thérapie.

5. Choix de techniques thérapeutiques : les mouvements idéomoteurs pourraient aider un praticien à décider quelle technique thérapeutique peut être la plus efficace pour un patient, en fonction des réactions inconscientes.

6. Évaluation de la réceptivité du patient : un praticien peut utiliser cette méthode pour évaluer à quel point un patient est réceptif à certaines formes de traitement, en observant les réponses idéomotrices à des suggestions spécifiques.

Ces exemples illustrent comment les mouvements idéomoteurs peuvent être un outil complémentaire en magnétisme et en hypnothérapie. Cependant, ils ne doivent pas remplacer l'expertise clinique et la prise de décision éthique basée sur des preuves médicales.

Il est important de garder à l'esprit que les médecines alternatives doivent être envisagées comme des compléments à la médecine allopathique, et non comme des substituts. Elles peuvent enrichir le parcours thérapeutique en offrant des approches holistiques et en se concentrant sur le bien-être global de l'individu. Cependant, elles ne doivent jamais remplacer les traitements médicaux conventionnels, surtout dans le cas de maladies graves ou aiguës. L'intégration judicieuse de ces méthodes alternatives peut contribuer à une prise en charge plus complète de la santé, en alliant les avantages de la médecine moderne à ceux des pratiques complémentaires pour une approche de soin globale et personnalisée.

Ce tableau offre un aperçu clair et structuré de la méthode de la main témoin et de ses applications bénéfiques dans le domaine des soins en hypnothérapie et en soins énergétiques.

Aspect de la Méthode	Bénéfice Associé
Utilisation de l'effet idéomoteur	Permet des réponses corporelles immédiates et intuitives, facilitant la prise de décision.
Détection de mouvements inconscients	Aide à accéder aux pensées et sentiments enfouis.
Communication non verbale	Utilisée en hypnoanalyse pour signaler des réponses sans utiliser de mots.
Interrogation du subconscient	Permet au praticien de sonder son propre subconscient pour guider les soins.
Identification de blocages	Détecte des blocages inconscients affectant le traitement.
Choix des techniques thérapeutiques	Aide à sélectionner la technique la plus efficace pour le patient.
Évaluation de la réceptivité	Mesure la réceptivité du patient à certaines formes de traitement.

TROISIÈME PARTIE DU LIVRE : EXEMPLES VARIÉS DE TRAITEMENTS

Intégration synergique des techniques

Dans cette section du livre, nous explorons une variété d'exemples de traitements, chacun illustrant de manière concrète l'application des quatre techniques thérapeutiques clés. Ces cas pratiques sont adaptés de situations réelles que j'ai eu à traiter. Ils vous fourniront une compréhension approfondie de la manière dont ces méthodes peuvent être intégrées et personnalisées pour répondre aux besoins uniques de chaque individu.

Les constantes sont :

1. Dialogue de type maïeutique.
2. Séance de visualisation.
3. Séance d'hypnose.
4. Séance de magnétisme.

Chapitre 13

Le protocole d'intervention en Hypno-Magnétisme-Intégrative

Ce procédé suit généralement une structure bien définie, composée de six étapes clés :

1. Dialogue de type maïeutique : Cette première phase est consacrée à l'éveil de la conscience du patient à travers des questions réfléchies, favorisant l'auto-exploration et la prise de conscience.

2. Séquence de visualisation avec futurisation positive : Le patient est guidé dans un exercice de visualisation, où il se projette dans un futur positif, aidant à instaurer un état d'esprit optimiste et serein.

3. Séance d'hypnose pour l'ancrage* : Cette étape utilise l'hypnose pour renforcer et ancrer les bienfaits de la visualisation. Elle s'appuie sur les images et sensations évoquées précédemment pour approfondir l'état de relaxation et de bien-être.

Pour offrir une gamme variée d'options, j'ai intentionnellement intégré diverses méthodes d'hypnose. Cette approche vise à vous permettre de choisir les techniques les plus adaptées à vos besoins personnels ou à ceux de vos patients.

4. Séance de magnétisme avec suggestions intégratives : Cette phase finale du processus utilise le magnétisme, combiné à des suggestions spécifiques liées aux séquences précédentes, pour agir sur le plan physique et émotionnel, consolidant ainsi les résultats obtenus lors des étapes antérieures.

5. Retour à l'état de conscience normal : Cette étape implique de guider doucement le patient hors de l'état modifié de conscience induit par l'hypnose et le magnétisme. Elle se fait progressivement, assurant un retour en toute sécurité à un état de pleine conscience, tout en conservant les bienfaits de la séance.

6. Compte rendu de la séance : Pour conclure, un bilan est effectué, permettant au patient d'exprimer ses ressentis et expériences vécues pendant la séance. Cette rétroaction est essentielle pour évaluer l'efficacité du soin et planifier les étapes futures du traitement. Ce moment de partage offre également l'opportunité d'ancrer davantage les bénéfices de la séance et de clarifier tout questionnement ou émotion émergente.

Personnalisation des soins en Hypno-Magnétisme-Intégrative

Les exemples types utilisant la méthode "Hypno-Magnétisme-Intégrative " sont présentés à titre illustratif. Il est important de les ajuster de manière spécifique à chaque individu. En effet, chaque personne est unique, vit les expériences et réagit à sa propre manière.

La cirrhose

La cirrhose, une affection sérieuse du foie, résulte souvent de dommages hépatiques prolongés. Face à un tel constat, il est essentiel de comprendre que, bien que les approches holistiques puissent offrir un soutien significatif, elles ne doivent pas remplacer les traitements médicaux conventionnels. La médecine allopathique reste la pierre angulaire du traitement de la cirrhose et toute intervention holistique devrait être envisagée en complément et non en remplacement des soins médicaux standard.

Ce parcours de guérison holistique combine la compréhension médicale et les techniques de guérison psychologique et énergétique pour encourager le patient à adopter des changements de vie positifs et durables. Les méthodes telles que la visualisation, l'hypnose, et le magnétisme, jouent un rôle essentiel dans le soutien du traitement global, en s'attaquant aux symptômes physiques, psychologiques et émotionnels de la maladie.

Le guide suivant présente un dialogue exemplaire entre un praticien et un patient atteint de cirrhose, démontrant comment une approche holistique peut être intégrée efficacement. Toutefois, il est impératif de souligner que ces techniques sont utilisées en tant que compléments aux traitements médicaux conventionnels. Elles visent à renforcer l'efficacité du traitement médical et à améliorer la qualité de vie globale du patient, mais ne doivent jamais se substituer aux conseils et traitements prescrits par les professionnels de santé qualifiés.

Séance type

Cette séance type sert de trame que vous retrouverez tout au long des exemples.

Exemple de dialogue de type maïeutique entre un praticien et un patient souffrant de cirrhose. Ce type de dialogue vise à aider le patient à prendre conscience de sa situation et à réfléchir à ses choix de vie à travers des questions réfléchies et une introspection guidée.

Praticien : *bonjour, je comprends, vous avez été diagnostiqué avec une cirrhose. Pouvez-vous me dire ce que vous savez de cette condition ?*

Patient : *oui, je sais que c'est une maladie du foie, et je pense que c'est grave.*

Analyse : cette question initiale aide le patient à verbaliser sa compréhension de sa maladie, établissant une base pour une discussion plus approfondie.

Praticien : *comment pensez-vous que votre mode de vie a contribué à votre état actuel ?*

Patient : *eh bien, je bois beaucoup d'alcool depuis des années.*

Analyse : en demandant au patient de réfléchir sur ses propres actions, le praticien l'encourage à reconnaître les facteurs contributifs de sa maladie, ce qui est essentiel pour la prise de conscience.

Praticien : *comment vous sentiriez-vous à propos de réduire votre consommation d'alcool ?*

Patient : *je pense que ce serait difficile, mais probablement nécessaire.*

Analyse : ici, le praticien guide le patient à envisager un changement de comportement, facilitant l'acceptation de la nécessité de ce changement.

Praticien : *quelles seraient, selon vous, les conséquences si vous ne modifiez pas votre consommation d'alcool ?*

Patient : *ma santé pourrait se détériorer davantage, je suppose.*

Analyse : cette question aide le patient à envisager les conséquences futures de ses actions, renforçant l'urgence de modifier son comportement.

Praticien : *quels soutiens ou ressources, pensez-vous, pourraient vous aider dans ce processus ?*

Patient : peut-être un groupe de soutien ou un conseiller.

Analyse : en demandant au patient de réfléchir aux ressources disponibles, le praticien l'aide à envisager des solutions concrètes et à prendre des mesures proactives.

Praticien : *avez-vous déjà tenté de réduire ou de stopper votre consommation d'alcool par le passé ? Quels ont été les résultats ?*

Patient : *j'ai essayé une fois, mais j'ai rechuté après quelques semaines.*

Analyse : cette question aide à explorer les expériences passées du patient, permettant de comprendre les obstacles rencontrés et d'apprendre de ces tentatives précédentes.

Praticien : *qu'avez-vous appris de cette expérience ? Qu'est-ce qui pourrait être différent cette fois ?*

Patient : *j'ai réalisé que je ne pouvais pas le faire seul. Peut-être que je devrais chercher plus de soutien.*

Analyse : en encourageant le patient à réfléchir sur ses échecs passés et à les voir comme des leçons, le praticien aide à construire une approche plus résiliente pour l'avenir.

Praticien : *comment votre famille et vos amis réagiraient-ils si vous leur demandiez de l'aide dans ce processus ?*

Patient : *je pense qu'ils seraient soutenants. Je n'ai jamais vraiment parlé de ça avec eux.*

Analyse : cette question amène le patient à envisager l'implication de son réseau social et à reconnaître le soutien potentiel disponible.

Praticien : *quelles activités pourraient remplacer ou vous distraire de l'envie de boire ?*

Patient : *avant, j'aimais bien faire de la randonnée et de la peinture.*

Analyse : en discutant des alternatives saines aux comportements nocifs, le praticien aide le patient à envisager des stratégies concrètes pour gérer ses envies.

Praticien : *comment vous sentez-vous à l'idée de réintégrer ces activités dans votre vie ?*

Patient : *cela me semble une bonne idée. Ça pourrait vraiment m'aider.*

Analyse : encourager le patient à se projeter dans des activités positives augmente sa motivation et son engagement dans le processus de changement.

Le dialogue guide le patient vers une meilleure compréhension de lui-même et de sa maladie, tout en l'aidant à identifier des stratégies concrètes pour améliorer sa santé et son bien-être.

Trois étapes durant la séance :

1. Visualisation
2. Hypnose
3. Magnétisme

Le praticien détaille la méthode collaborative qu'ils vont adopter pour travailler ensemble.

Praticien : la méthode que je vous propose de pratiquer se compose de trois parties essentielles pour faciliter votre guérison et transformation. Premièrement, il s'agit d'une visualisation de l'état que vous désirez atteindre. Cette étape vous permet de créer une image claire et détaillée de votre objectif de santé et de bien-être. C'est une technique puissante pour orienter votre esprit et vos efforts vers un avenir plus sain.

En visualisant votre objectif, vous vous engagez activement dans le processus de guérison et commencez à établir un lien mental fort avec votre état souhaité.

Deuxièmement, la technique intègre une séance d'hypnose. Cette partie vise à implanter profondément votre but dans votre subconscient. L'hypnose est un outil efficace pour accéder à votre esprit subconscient, permettant de planter des graines de changement et de renforcement des comportements positifs. En communiquant directement avec votre subconscient, nous cherchons à solidifier votre engagement envers votre santé et à instaurer des habitudes bénéfiques.

Finalement, une séance de magnétisme vient compléter le processus. Cette phase agit sur le plan énergétique et émotionnel pour renforcer les deux phases précédentes. Le magnétisme travaille sur les déséquilibres énergétiques et émotionnels qui peuvent être à la racine de certains comportements nocifs. Cette approche holistique aide à aligner votre corps, votre esprit et vos émotions, soutenant ainsi un changement durable et profond. Chacune de ces étapes joue un rôle indispensable dans votre parcours de guérison et de transformation personnelle.

Praticien : *avez-vous des questions à poser ?*

Patient : *oui, j'en ai quelques-unes. Comment la visualisation peut-elle influencer ma santé physique ? Est-ce que l'hypnose est sécuritaire ? Et comment le magnétisme agit-il concrètement sur le plan émotionnel ?*

Praticien : *absolument, je suis ravi que vous posiez ces questions. Commençons par la visualisation. Elle joue un rôle clé en créant une image mentale positive et ciblée de votre guérison. Notre cerveau a une capacité remarquable à influencer notre corps et, en visualisant activement un état de santé, nous pouvons encourager des réponses physiologiques positives. De nombreuses études ont montré que la visualisation peut réduire le stress, améliorer l'immunité et même aider dans la gestion de la douleur.*

En ce qui concerne l'hypnose, je tiens à vous rassurer sur sa sécurité. Elle est utilisée en psychothérapie depuis des décennies et est reconnue pour son efficacité dans la modification des comportements, la gestion de la douleur et la réduction du stress. Pendant l'hypnose, vous resterez toujours en contrôle et conscient de votre environnement. C'est un état de relaxation profonde où votre esprit est plus ouvert aux suggestions positives.

Pour ce qui est du magnétisme, il agit sur votre bien-être global en rééquilibrant l'énergie de votre corps. Sur le plan émotionnel, cela peut se traduire par une diminution de l'anxiété, une amélioration de l'humeur et une sensation générale de bien-être. C'est une pratique douce qui complète parfaitement la visualisation et l'hypnose, en vous aidant à atteindre un état de santé holistique.

L'analyse des réponses du praticien révèle plusieurs éléments clés qui peuvent avoir un impact significatif sur le patient :

1. Clarification et éducation : le praticien aborde chaque question avec des explications claires et informatives. Cela aide à démystifier les techniques utilisées et à éduquer le patient sur leur fonctionnement et leurs bienfaits. Une meilleure compréhension peut réduire l'anxiété du patient et augmenter sa confiance dans le processus de traitement.

2. Rassurance sur la sécurité : en assurant la sécurité de l'hypnose, le praticien aborde directement les préoccupations potentielles du patient. Cela peut réduire la résistance ou la méfiance du patient et le rendre plus ouvert et réceptif à cette forme de thérapie.

3. Soulignement des bienfaits : le praticien met en lumière les avantages spécifiques de chaque technique, la réduction du stress grâce à la visualisation, la modification comportementale via l'hypnose, et le rééquilibrage énergétique par le magnétisme ; cela peut motiver le patient à s'engager activement dans le processus thérapeutique.

4. Approche holistique : en combinant la visualisation, l'hypnose et le magnétisme, le praticien adopte une approche holistique, soulignant l'importance de traiter à la fois l'esprit et le corps. Cela peut aider le patient à voir son parcours de guérison comme étant plus complet et intégré.

Résultat Souhaité sur le patient :

- Augmentation de la confiance et de la motivation : les explications détaillées et rassurantes du praticien sont susceptibles d'augmenter la confiance du patient dans le traitement et de le motiver à s'engager pleinement.

- Réduction de l'anxiété : en comprenant mieux les méthodes et en sachant qu'elles sont sécuritaires, le patient peut ressentir une diminution de l'anxiété liée au traitement.

- Amélioration de l'adhésion au traitement : une meilleure compréhension et une attitude positive envers les techniques proposées peuvent conduire à une meilleure adhésion aux recommandations du praticien.

- Autonomisation et responsabilisation : le patient pourrait se sentir plus autonome dans son parcours de guérison, sachant qu'il utilise des techniques qui agissent sur différents aspects de son bien-être.

Préparation à la visualisation positive pour combattre la cirrhose.

Pour préparer le patient à une séance de visualisation positive axée sur sa guérison de la cirrhose, le praticien adopte une approche méthodique et encourageante :

1. Préparation mentale et relaxation :

- Praticien : *pour commencer notre séance de visualisation, je vous invite à vous installer confortablement et à fermer les yeux. Prenez quelques respirations profondes et concentrez-vous sur la sensation de détente qui s'installe dans votre corps. Laissez de côté toutes les pensées et distractions extérieures, et concentrez-vous sur votre respiration.*

2. Guidage vers la visualisation :

- Praticien : *maintenant que vous êtes détendu, je voudrais que vous commenciez à imaginer une scène où vous vous voyez guéri ou en voie de guérison de la cirrhose. Imaginez-vous dans un endroit où vous vous sentez en sécurité et heureux. Cela peut être un lieu réel ou un espace créé par votre imagination.*

3. Construction de l'image de guérison :

- Praticien : *visualisez-vous en bonne santé, avec un foie fonctionnant parfaitement. Imaginez les sensations de bien-être et d'énergie. Pensez à ce que vous faites dans cette scène - peut-être que vous êtes en train de faire une activité que vous aimez, entouré de personnes qui vous soutiennent. Sentez la joie et la liberté que cet état de santé vous apporte.*

4. Encouragement à l'implication émotionnelle :

- Praticien : *laissez-vous immerger dans cette visualisation. Ressentez les émotions positives associées à votre guérison : la joie, l'espoir, la gratitude. Chaque détail de cette scène contribue à renforcer l'idée de votre guérison dans votre esprit.*

Le praticien observe attentivement les traits du patient immergé dans sa visualisation, sachant que les immersions positives génèrent souvent des réactions émotionnelles visibles.

Lorsque l'immersion est efficace et engendre des sentiments positifs, cela se manifeste par des changements subtils mais notables sur le visage du patient. On observe une relaxation des traits, signe d'un apaisement profond. Par moments, une expression de contentement peut se dessiner sur le visage, voire un sourire discret mais sincère. À chaque signe de réponse positive, le praticien offre une validation discrète mais affirmée, murmurant des encouragements comme "*c'est bien*". Cette approche mesurée permet de renforcer l'expérience positive du patient sans interrompre son processus de visualisation. Le praticien maintient une présence rassurante et non intrusive, facilitant ainsi un environnement propice à l'amélioration émotionnelle et mentale du patient.

Passerelle de tranquillité
transition douce de la visualisation à l'hypnose

Tandis que le patient est profondément immergé dans sa scène de visualisation, le praticien en profite pour initier doucement la transition vers la séance d'hypnose, en parlant d'une voix douce et apaisante. Maintenez une pause de trois à cinq secondes chaque fois que vous voyez (…) trois points qui se suivent.

Praticien : *maintenant que vous êtes pleinement absorbé dans cette scène magnifique et apaisante… nous allons doucement glisser vers la prochaine étape de notre séance :*

Restez détendu et concentré sur cette scène… permettant à votre esprit de s'ouvrir encore plus… prêt à accueillir les suggestions positives qui vont suivre… Vous êtes en sécurité et dans un espace propice à la guérison et au bien-être…

Cette transition en douceur aide à maintenir le patient dans un état de relaxation profonde, essentiel pour une séance d'hypnose efficace. Le praticien utilise un ton rassurant et guidant, créant un lien fluide entre la visualisation et l'hypnose, pour un impact thérapeutique optimal.

Praticien : *votre visualisation s'approfondit… vous enveloppant pleinement…*
Vous êtes entièrement immergé, baignant dans une tranquillité absolue... Tandis que je parle… chaque mot vous guide vers un niveau de relaxation et de bien-être encore plus profond… vous entraînant dans un état de sérénité agréable...

Vos paupières restent doucement fermées… offrant un détachement apaisant… Votre corps se détend, chaque muscle se relâche

progressivement… se laissant emporter par cette sensation de lourdeur confortable…
Cette sensation croissante est un signe de relaxation complète… un ancrage dans l'instant présent qui apporte sécurité et paix intérieure…

Votre paix intérieure s'intensifie… devenant plus profonde à chaque instant…
Vous êtes capable de m'écouter, saisissant clairement chaque mot que je prononce…
Votre subconscient capte et retient soigneusement toutes mes paroles…
La scène que vous vivez se fixe solidement en vous…
Il est possible que d'autres images surgissent, enrichissant votre expérience…
Accueillez-les librement, permettez-leur de se manifester… Acceptez avec gratitude ces nouvelles visions… voyant en elles une opportunité de libération et d'épanouissement.

Votre paix est profonde, très profonde… vous pouvez m'entendre, vous entendez distinctement tout ce que je dis… votre subconscient enregistre chacune de mes paroles…

La scène que vous vivez s'ancre en vous… peut-être avez-vous d'autres images qui émergent… laissez venir ce qui vient… accueillez avec gratitude cette libération…

Cette visualisation de votre guérison, s'enracine dans votre subconscient qui en prend acte…

Les forces de votre intelligence intérieure… de votre moi profond s'activent pour transformer vos besoins… et les guider vers d'autres impératifs plus en conformité avec votre guérison…

Cette visualisation de votre guérison s'implante fermement dans votre subconscient… qui la reconnaît et l'intègre pleinement….

Les puissances de votre intelligence intérieure et de votre moi profond se mobilisent... travaillant activement pour remodeler vos besoins actuels...
Elles les orientent vers des aspirations plus alignées avec votre processus de guérison... favorisant ainsi un cheminement vers un état de santé amélioré et un bien-être accru.

Chaque inspiration apporte plus d'énergie à votre guérison... vous sentez cette force se diffuser dans chacune de vos cellules... chaque expiration chasse des cellules toutes les choses dont elles doivent se débarrasser...

À chaque inspiration, une vague d'énergie revitalisante afflue vers votre guérison... imprégnant chaque cellule de votre corps de cette force vivifiante...
Vous ressentez cette énergie se disperser dans chacune de vos cellules... les nourrissant et les fortifiant...
Avec chaque expiration, vos cellules libèrent naturellement tout ce qui ne leur est plus utile...se purifiant et se régénérant continuellement...
Cette respiration crée un cycle harmonieux de renouvellement et de libération, contribuant activement à votre processus de guérison.

Harmonisation et énergétique
introduction à la séance d'énergétique

Tout en maintenant cet état de relaxation profonde et de conscience accrue, le praticien guide doucement le patient dans la transition vers la séance d'énergétique.

Praticien à voix basse : *maintenant que votre corps et votre esprit sont en parfaite harmonie grâce à cette respiration revitalisante et à votre visualisation, nous allons doucement entamer la prochaine phase de notre séance : la thérapie énergétique. Alors que vous continuez à respirer profondément... imaginez une lumière apaisante qui commence*

à entourer votre corps... Cette lumière représente l'énergie curative, prête à travailler... en parfaite synergie avec les forces curatives que vous avez déjà activées... ressentez cette énergie bienveillante vous envelopper... se diffusant délicatement à travers chaque pore de votre peau... atteignant toutes les cellules de votre corps...
Cette énergie apporte une force de réconfort et de régénération... amplifiant les bienfaits déjà ressentis...
Dans cette phase de la séance, nous travaillons à harmoniser et à équilibrer votre énergie vitale... renforçant ainsi votre processus de guérison à une profondeur encore inexplorée.

Le praticien, avec une grande attention et précision, place soigneusement ses mains à une distance de 5 à 6 cm au-dessus de la région du foie du patient.

Dans cette position et pendant 5 minutes, il commence à canaliser entre ses mains et à diffuser une énergie vitale, concentrée et bienveillante. Tout en effectuant ce geste, il murmure doucement des mots apaisants et encourageants :
"Cette énergie que je dirige vers vous se disperse maintenant dans votre foie...

Votre corps possède un système de régénération naturelle remarquable... et cette énergie supplémentaire est là pour soutenir et accélérer la guérison de votre foie...
Ressentez cette énergie comme une énergie bienfaisante... réparatrice... qui pénètre et revitalise chaque cellule de votre foie... renforçant sa capacité à se régénérer et à retrouver son état optimal de santé..."

Ces paroles, prononcées avec une voix basse et douce, visent à renforcer l'effet de la thérapie énergétique et à aider le patient à visualiser activement le processus de guérison en cours dans son corps.

Le praticien continue de canaliser l'énergie curative, transformant les images et les mots en une force dynamique et puissante.

Praticien : *"Imaginez maintenant cette énergie se diffusant dans toutes les cellules de votre corps...*
Elle se propage, créant une sensation de fourmillement agréable dans chaque partie de votre organisme... du sommet de votre tête jusqu'à la pointe de vos orteils...
Cette énergie puissante revitalise chaque cellule, apportant santé et bien-être."

Le praticien laisse ensuite le patient s'imprégner de cette sensation pendant quelques instants, lui permettant de profiter pleinement de cette expérience de guérison profonde.

Praticien : *"Alors que vous baignez dans cette puissante énergie de réussite et de guérison... prenez quelques instants pour vous imprégner de cette force formidable...*
Ressentez chaque cellule de votre corps vibrer de santé et de vitalité..."

Après une à deux minutes dans cet état de guérison profonde, le praticien commence à guider le patient vers un retour à la pleine conscience.

Praticien : *"Maintenant, il est temps de préparer votre retour à la conscience complète... Je vais compter lentement jusqu'à 5, et à chaque chiffre, vous allez vous sentir de plus en plus éveillé et revigoré... À 5, vous reprenez pleinement conscience de votre corps, vous sentant rafraîchi et rempli d'énergie positive. Commençons. Un... Deux... Trois... Quatre... Cinq."*

Cette transition douce permet au patient de revenir progressivement à son état normal, tout en conservant les bénéfices de la séance de guérison énergétique.

Procédé thérapeutique et analyse dans le traitement holistique de la cirrhose

Dialogue / Étape	Analyse
1. Diagnostic et Compréhension de la Cirrhose	Le praticien commence par établir une base de compréhension en demandant au patient ce qu'il sait sur sa condition de cirrhose. Cela aide le patient à verbaliser sa compréhension et prépare le terrain pour une discussion plus approfondie.
2. Réflexion sur les Facteurs Contributifs	En interrogeant le patient sur son mode de vie, en particulier sa consommation d'alcool, le praticien l'encourage à reconnaître et à accepter les facteurs contributifs à sa maladie.
3. Exploration des Changements de Comportement	Le praticien guide le patient à envisager de réduire sa consommation d'alcool, facilitant ainsi l'acceptation de la nécessité de changer.

Dialogue / Étape	Analyse
4. Anticipation des Conséquences	La discussion sur les conséquences potentielles d'une non-modification du comportement incite le patient à considérer les effets à long terme de ses actions.
5. Identification des Ressources de Soutien	Le praticien aide le patient à identifier des ressources externes, comme un groupe de soutien ou un conseiller, qui pourraient l'aider dans son processus de guérison.
6. Analyse des Tentatives Précédentes	Le praticien explore les expériences passées de tentative de réduction de l'alcool, permettant au patient de comprendre les obstacles rencontrés et d'apprendre de ces expériences.
7. Réflexion sur les Échecs Passés	En incitant le patient à réfléchir sur ses échecs passés, le praticien l'aide à construire une approche plus résiliente pour l'avenir.
8. Implication du Réseau Social	En discutant de la réaction potentielle de la famille et des amis à une demande d'aide, le patient est amené à reconnaître le soutien disponible dans son réseau social.

Dialogue / Étape	Analyse
9. Exploration des Alternatives Positives	Le praticien encourage le patient à envisager des activités saines comme alternatives à la consommation d'alcool, favorisant ainsi des stratégies concrètes pour gérer ses envies.
10. Méthodologie de Traitement (Visualisation, Hypnose, Magnétisme)	Le praticien explique la méthode de traitement en trois étapes, soulignant l'importance de la visualisation pour créer une image mentale positive, de l'hypnose pour influencer le subconscient et du magnétisme pour l'équilibre énergétique et émotionnel.
11. Clarification, Rassurance et Avantages des Techniques	Les réponses du praticien clarifient chaque technique, rassurent sur leur sécurité et soulignent leurs bienfaits, augmentant ainsi la confiance du patient dans le processus thérapeutique.
12. Approche Holistique du Traitement	En combinant différentes méthodes, le praticien adopte une approche holistique, traitant à la fois l'esprit et le corps pour un processus de guérison complet et intégré.

Dialogue / Étape	Analyse
13. Préparation à la Visualisation Positive	Le praticien prépare le patient à une séance de visualisation positive, en l'aidant à se détendre et à imaginer un état de santé et de bien-être.
14. Transition vers l'Hypnose (Passerelle de Tranquillité)	La transition douce de la visualisation à l'hypnose maintient le patient dans un état de relaxation profonde, renforçant l'efficacité de la séance d'hypnose.
15. Introduction à la Séance Énergétique	La thérapie énergétique est introduite pour harmoniser et équilibrer l'énergie vitale du patient, renforçant le processus de guérison à un niveau plus profond.

Chapitre 14
La tachycardie

La tachycardie est une condition caractérisée par une fréquence cardiaque anormalement élevée, généralement supérieure à 100 battements par minute chez les adultes. Elle peut être le résultat de divers facteurs et avoir des effets significatifs sur la santé. Voici une liste numérotée des facteurs probables d'activation de la tachycardie :

1. Stress et anxiété : lorsque le corps est soumis à un stress intense ou à une anxiété sévère, le système nerveux autonome peut provoquer une augmentation de la fréquence cardiaque.

2. Fièvre : une élévation de la température corporelle due à la fièvre peut entraîner une accélération du rythme cardiaque.

3. Déshydratation : la perte excessive de liquides corporels par la transpiration, la diarrhée ou le manque d'hydratation peut causer une tachycardie.

4. Médicaments : certains médicaments, tels que les stimulants, les bronchodilatateurs ou les décongestionnants, peuvent provoquer une augmentation de la fréquence cardiaque comme effet secondaire.

5. Trouble thyroïdien : une thyroïde hyperactive (hyperthyroïdie) peut influencer le rythme cardiaque et entraîner une tachycardie.

6. Alcool et caféine : la consommation excessive d'alcool ou de caféine peut stimuler le système cardiovasculaire et provoquer une accélération du rythme cardiaque.

7. Maladie cardiaque : les problèmes cardiaques sous-jacents tels que l'insuffisance cardiaque, les valvulopathies ou les arythmies peuvent entraîner une tachycardie.

Quant aux effets liés à la tachycardie, voici une liste numérotée :

1. Palpitations : les personnes atteintes de tachycardie peuvent ressentir des battements cardiaques irréguliers, forts ou rapides.

2. Fatigue : une fréquence cardiaque élevée constante peut entraîner une fatigue excessive et une sensation de faiblesse.

3. Vertiges et évanouissements : une tachycardie sévère peut provoquer des vertiges et, dans certains cas, des évanouissements.

La tachycardie, est une maladie sérieuse, qui exige une attention particulière de la part des praticiens. Il est primordial que seuls les patients déjà suivis par un médecin et disposant d'un diagnostic formel soient pris en consultation. Par ailleurs, il est fondamental de s'abstenir de prescrire des produits qui pourraient interagir de manière défavorable avec les médicaments existants du patient, afin d'éviter des effets contradictoires et potentiellement dangereux.

Schéma d'une séance type pour cette pathologie

Vers la maîtrise de la tachycardie : un dialogue maïeutique pour le bien-être et l'autogestion

Exemple de dialogue de type maïeutique entre un praticien et un patient souffrant de tachycardie.

Praticien : *bonjour, bienvenue. Comment vous sentez-vous en ce moment ?*

Objectif : établir un état émotionnel de base et engager la conversation.

Patient : *je me sens un peu anxieux à cause de ma tachycardie.*

Indication : le patient est conscient de son anxiété et la relie directement à sa condition de tachycardie.

Praticien : *comprenez-vous ce qu'est la tachycardie ?*

Objectif : vérifier la compréhension du patient sur sa condition.

Patient : *je sais que c'est lié à un rythme cardiaque rapide.*

Indication : connaissance basique de sa condition, mais pas de détails.

Praticien : *comment décririez-vous vos symptômes lorsque vous ressentez cette accélération du rythme cardiaque ?*

Objectif : identifier les symptômes spécifiques et leur impact sur le patient.

Patient : *mon cœur bat très vite et je me sens parfois essoufflé.*

Indication : le patient ressent des symptômes classiques de tachycardie.

Praticien : *quand avez-vous remarqué ces symptômes pour la première fois ?*

Objectif : comprendre le début de la condition pour établir un historique.

Patient : *il y a quelques mois, pendant une période de stress au travail.*

Indication : une possible corrélation entre le stress et l'apparition des symptômes.

Praticien : *y a-t-il des moments précis où ces symptômes deviennent plus intenses ?*

Objectif : identifier les déclencheurs ou les aggravateurs des symptômes.

Patient : *généralement quand je suis stressé ou après un effort physique.*

Indication : confirmation que le stress et l'effort physique sont des déclencheurs.

Praticien : *comment gérez-vous votre stress habituellement ?*

Objectif : évaluer les méthodes de gestion du stress du patient.

Patient : *je ne suis pas très bon pour gérer mon stress, je l'ignore souvent.*

Indication : manque de stratégies efficaces de gestion du stress.

Praticien : *pensez-vous qu'il pourrait y avoir un lien entre votre gestion du stress et vos symptômes de tachycardie ?*

Objectif : amener le patient à faire le lien entre le stress et sa condition.

Patient : *c'est possible, je n'y avais pas vraiment pensé.*

Indication : manque de conscience de l'impact du stress sur sa santé.

Praticien : *avez-vous déjà essayé des techniques de relaxation ou de méditation pour gérer votre stress ?*

Objectif : explorer les expériences antérieures du patient avec des techniques de relaxation.

Patient : *non, je n'ai jamais vraiment essayé.*

Indication : ouverture à de nouvelles méthodes de gestion du stress.

Praticien : *serait-il intéressant pour vous d'explorer ces méthodes pour voir si elles peuvent aider à gérer vos symptômes ?*

Objectif : susciter l'intérêt du patient pour de nouvelles stratégies de gestion du stress.

Patient : *oui, je suis ouvert à essayer quelque chose de nouveau.*

Indication : disposition positive à adopter de nouvelles approches.

Praticien : *en dehors du stress, avez-vous remarqué si certains aliments ou boissons influencent votre rythme cardiaque ?*

Objectif : identifier d'autres facteurs de style de vie qui pourraient affecter les symptômes.

Patient : *je pense que le café me rend un peu plus nerveux.*

Indication : sensibilité potentielle à la caféine ou à d'autres stimulants.

Praticien : *comment décririez-vous votre routine quotidienne en termes d'activité physique ?*

Objectif : évaluer le niveau d'activité physique du patient.

Patient : *je fais peu d'exercice, surtout depuis que j'ai commencé à ressentir ces symptômes.*

Indication : faible niveau d'activité physique, potentiellement aggravant la condition.

Praticien : *pensez-vous que l'intégration d'une activité physique modérée pourrait être bénéfique pour vous ?*

Objectif : encourager le patient à envisager l'exercice comme une méthode de gestion.

Patient : *ça pourrait être une bonne idée, oui.*

Indication : ouverture à l'idée d'intégrer l'activité physique dans sa routine.

À la suite de leur dialogue, le praticien entame l'application des techniques thérapeutiques de manière successive et méticuleuse. Ces techniques comprennent :

1. La visualisation : cette étape implique la création d'images mentales apaisantes, aidant le patient à se détendre et à atténuer son stress et à créer une "futurisation positive".

2. L'hypnose : dans cette phase, le praticien guide doucement le patient vers un état de conscience modifiée pour approfondir la relaxation et renforcer les messages positifs engendrée par la visualisation.

3. Le magnétisme : ici, le praticien utilise l'énergie vitale pour favoriser un état de bien-être global et réduire les symptômes physiques.

Chaque transition, d'une technique à l'autre, est réalisée avec une grande fluidité et délicatesse, assurant une progression harmonieuse et confortable pour le patient.

La visualisation

Praticien : *maintenant, j'aimerais vous présenter une technique, la visualisation. La visualisation est un exercice mental où l'on crée des images apaisantes dans son esprit. L'objectif est de provoquer des réactions positives dans votre corps et votre esprit, aidant ainsi à gérer le stress et la tachycardie. Nous allons également explorer la "futurisation positive", qui consiste à se projeter dans un avenir où vous vous sentez mieux, plus calme et en meilleure santé. Cela peut aider à instaurer un état d'esprit positif et à réduire l'anxiété. Avez-vous des questions sur cette méthode ?*

Patient : *non, cela me semble assez clair. Je suis prêt à essayer.*

Praticien : *parfait. Je vous invite à fermer les yeux et à commencer à imaginer un lieu où vous vous sentez complètement détendu et en paix. Cette scène est la vôtre, vous pouvez la créer comme vous le souhaitez. Imaginez les détails de cet endroit, les couleurs, les sons, les sensations... Laissez cette image vous calmer et réduire votre stress et votre tachycardie...*
Prenez votre temps pour construire cette image dans votre esprit...

Praticien : après une pause, observant les signes de détente chez le patient, comme un sourire qui apparaît sur ses lèvres, un visage détendu, et une posture redressée. *Je vois que vous vous détendez et que quelque chose dans votre visualisation vous affecte positivement. Pouvez-vous me partager des détails sur ce que vous vivez dans cette scène ? Quels sont les sentiments ou émotions que cette immersion éveille en vous ?*

Le patient répond en décrivant son expérience de visualisation, les détails de la scène et les émotions ou sentiments ressentis.

Le praticien écoute attentivement, fournissant un espace de silence sûr et encourageant pour que le patient explore et exprime ses émotions et pensées.

Patient : *dans ma visualisation, je me trouve dans un jardin paisible. Il y a des fleurs de toutes les couleurs, et le son d'une petite cascade est apaisant. Le soleil réchauffe ma peau, et je me sens enveloppé d'une sensation de calme et de sécurité. En cet instant, je ne ressens aucune anxiété, juste une paix profonde.*

Praticien : *c'est merveilleux. Votre description est très vivante. Comment vous sentez-vous maintenant, en rapport avec la tachycardie et votre stress, après cette visualisation ?*

Patient : *je me sens beaucoup plus détendu. Mon cœur semble battre plus calmement, et mon esprit est clair. Cette expérience me donne l'impression d'avoir un certain contrôle sur mes émotions.*

Praticien : *c'est une étape importante. Vous avez utilisé la puissance de votre esprit pour influencer positivement votre corps. Rappelez-vous que vous pouvez revenir à cette scène chaque fois que vous vous sentez stressé ou anxieux et pour tenter de réduire la tachycardie.*

Hypnose

Praticien : *vous avez fait un excellent travail avec la visualisation. Maintenant, dans une transition douce et naturelle, je propose de poursuivre notre séance en utilisant la méthode d'hypnose. Cela nous aidera à ancrer les résultats positifs que vous avez obtenus grâce à la visualisation, en approfondissant encore plus cet état de calme et de relaxation. L'hypnose est un état de concentration et de relaxation profonde qui permet à votre esprit de se concentrer sur des pensées et des images bénéfiques. Êtes-vous à l'aise avec cette idée et prêt à continuer ?*

Patient : *oui, je suis à l'aise avec cette idée. La visualisation m'a déjà apporté un sentiment de calme, et je suis curieux de voir comment l'hypnose peut encore améliorer mon état. Je suis prêt à continuer.*

Praticien : *nous allons maintenant commencer une séance d'hypnose, conçue pour renforcer la relaxation et le calme que vous avez déjà commencé à ressentir. L'hypnose est une méthode puissante qui peut vous aider à approfondir votre état de détente et à ancrer ces sensations de paix dans votre esprit. Elle vous permettra de transformer ces images et sentiments positifs en une force intérieure durable.*

1. *Commencez par prendre conscience des parties de votre corps en contact avec le support sur lequel vous êtes assis ou allongé... Sentez le soutien ferme sous vous...*

2. *Maintenant, portez votre attention sur votre respiration... Prenez une inspiration profonde et laissez une expiration libératrice suivre... Sentez le rythme naturel de votre respiration...*

3. *Commencez à ressentir une sensation de détente dans différentes parties de votre corps... D'abord, détendez vos pieds... puis vos chevilles... sentez la détente monter jusqu'au bassin... relâchez les muscles de votre ventre... votre poitrine... détendez votre dos... laissez vos*

épaules s'abaisser, libres de toute tension... vos bras... jusqu'à votre tête... Détendez vos bras et vos mains...

4. Ressentez une sensation de lourdeur agréable s'installer dans votre corps...vous ancrant dans ce moment de paix...

5. Vos paupières deviennent lourdes... très lourdes, comme si elles étaient invitées à rester fermées...

6. Remémorez-vous maintenant les images et les mots que vous avez utilisés lors de notre visualisation... Ces images sont votre ancrage... vous gardant connecté à cet état de tranquillité et de paix...

7. Ces images et ces mots se transforment en une force... une énergie puissante qui se diffuse dans toutes les cellules de votre corps... créant une sensation agréable dans chaque partie de votre être...

8. Restez quelques secondes dans cet état profond, vous imprégnant de cette force intérieure...

Praticien : *alors que vous êtes dans cette puissante énergie de réussite, je vous laisse quelques instants pour vous imprégner de cette formidable force.*

Le magnétisme

Praticien : "Parlant doucement pour maintenir l'état de relaxation du patient" *Alors que vous êtes dans cet état réceptif, je commence la séance de magnétisme…*

"En se concentrant" *Je commence par magnétiser le bulbe rachidien, situé au niveau de l'atlas, pour aider à réguler votre rythme cardiaque…*
"Le praticien accumule de l'énergie entre ses mains, effectuant un geste souple et lent, dirigeant l'énergie vers le bulbe rachidien. Il répète le mouvement, observant les réactions de sa main témoin. Lorsqu'il ressent un signe positif dans son doigt, indiquant que l'énergie a été suffisamment transmise, il arrête la diffusion énergétique dans cette zon*e*."

"Se déplaçant doucement" *Maintenant, je me positionne au niveau de votre cœur…* "Le praticien répète la même manœuvre, cette fois-ci en se concentrant sur le nœud sinusal, situé du côté droit du cœur. Il suit le même processus, en utilisant sa main témoin pour évaluer la réception de l'énergie et pour déterminer quand le processus est complet."

"Durant toute la séance, le praticien reste attentif aux réactions du patient, veillant à ce que chaque étape se déroule dans un environnement sécurisant et apaisant."

Praticien : "Après une à deux minutes, parlant calmement et doucement" *À présent, il est temps de revenir doucement à votre état de conscience habituel. Je vais compter lentement jusqu'à 5. À chaque chiffre, vous allez vous sentir de plus en plus éveillé, tout en conservant les bienfaits de cette séance.*

1. *Commencez à ressentir à nouveau votre corps, en gardant la détente et le calme.*

2. *Prenez conscience de l'air entrant et sortant de vos poumons, revitalisant chaque cellule de votre être.*

3. *Sentez comment votre corps repose sur le support, prenant conscience de l'espace autour de vous.*

4. *Vous commencez à bouger légèrement, peut-être en remuant vos doigts ou vos orteils, réveillant doucement votre corps.*

5. *Vous êtes maintenant pleinement conscient, détendu et rafraîchi. Prenez votre temps, il n'y a pas de hâte. Lorsque vous êtes prêt, ouvrez doucement les yeux.*

Praticien : *comment vous sentez-vous maintenant après cette séance complète de visualisation, d'hypnose et de magnétisme ?*

Patient : *je me sens incroyablement détendu et calme. C'est comme si une grande partie du stress et de l'anxiété avait été soulevée de mes épaules. Mon cœur se sent plus léger et mon esprit plus clair. C'était une expérience vraiment apaisante et rassurante. Merci beaucoup.*

Praticien : *je tiens à vous féliciter pour votre participation active et votre ouverture d'esprit tout au long de cette séance. Votre engagement dans le processus est essentiel pour atteindre ces résultats positifs. Merci d'avoir partagé cette expérience avec moi. N'hésitez pas à utiliser les techniques que nous avons explorées aujourd'hui dans votre quotidien, notamment la visualisation, pour maintenir ce sentiment de calme et de sérénité. Si vous avez des questions ou avez besoin de soutien supplémentaire à l'avenir, n'hésitez pas à me contacter. Je vous souhaite une continuation sereine et apaisée. Prenez soin de vous.*

Le praticien intervient en magnétisme avec une approche méthodique et éclairée, s'appuyant sur des connaissances spécialisées et approfondies dans son domaine.

Le bulbe rachidien et le nœud sinusal jouent des rôles cruciaux dans la régulation du rythme cardiaque, ce qui explique pourquoi le praticien se concentre sur ces deux zones lors d'une séance de magnétisme, en particulier pour traiter des conditions comme la tachycardie.

1. "Bulbe rachidien" : Le bulbe rachidien, situé à la base du cerveau, est un centre vital pour la régulation des fonctions autonomes du corps, notamment la fréquence cardiaque, la respiration et la pression sanguine. En magnétisant le bulbe rachidien, le praticien vise à influencer ces fonctions autonomes pour aider à stabiliser et réguler le rythme cardiaque. Cette approche est basée sur l'idée que la manipulation énergétique de cette zone peut avoir un effet apaisant et équilibrant sur le cœur et le système nerveux autonome.

2. "Nœud sinusal" : Le nœud sinusal, situé dans la paroi supérieure droite de l'atrium du cœur, est souvent appelé le "pacemaker naturel" du cœur. Il génère des impulsions électriques qui déterminent la fréquence cardiaque. En ciblant le nœud sinusal, le praticien cherche à influencer directement la source de ces impulsions. En ajustant énergétiquement le nœud sinusal, il vise à normaliser la fréquence des battements cardiaques, ce qui peut être particulièrement bénéfique pour les patients souffrant de tachycardie, où le cœur bat anormalement vite.

Tableau de synthèse des méthodes de soins et de leurs résultats attendus

Méthode	Résultat Cherché
Dialogue de type maïeutique	Favoriser l'introspection et la prise de conscience du patient sur sa condition et son rapport au stress.
Visualisation	Créer un état de calme et de détente, réduire le stress et la tachycardie, en utilisant des images mentales apaisantes.
Hypnose	Ancrer les sentiments positifs obtenus par la visualisation, approfondir la relaxation et la gestion du stress.
Magnétisme	Apporter un soulagement direct sur le plan physique, en ciblant spécifiquement le bulbe rachidien et le nœud sinusal pour réguler le rythme cardiaque.

Chapitre 15
Le cancer du sein
Schéma d'une séance type pour cette maladie

Le cancer le plus fréquent chez les femmes est le cancer du sein. Il représente environ 30% de tous les cancers féminins. Le cancer du sein se développe à partir des cellules de la glande mammaire. Il peut se propager aux ganglions lymphatiques ou à d'autres organes. Le dépistage précoce et le traitement adapté sont essentiels pour augmenter les chances de guérison.

Le praticien débute la séance par un dialogue de type maïeutique

Praticien : *bonjour, comment vous sentez-vous aujourd'hui ?*

Effet recherché : initier une conversation ouverte pour permettre à la patiente d'exprimer son état émotionnel actuel.

Patiente : *je me sens un peu anxieuse.*

Résultat obtenu : la patiente reconnaît et exprime son anxiété, ce qui est le premier pas vers la compréhension et la gestion de ses émotions.

Praticien : *qu'est-ce qui, dans votre situation actuelle, contribue le plus à votre anxiété ?*

Effet recherché : encourager la patiente à identifier les facteurs spécifiques de son anxiété, favorisant une prise de conscience et une analyse plus approfondie.

Patiente : *je pense beaucoup à l'avenir et à la façon dont ma maladie va évoluer.*

Résultat obtenu : *la patiente identifie une source d'anxiété, ce qui permet de cibler la conversation sur ses inquiétudes concernant l'avenir.*

Praticien : *quand vous pensez à l'avenir, quelles images ou pensées vous viennent en tête ?*

Effet recherché : aider la patiente à visualiser et à articuler ses pensées et ses peurs, facilitant ainsi une exploration plus détaillée de ses sentiments.

Patiente : *j'imagine souvent le pire, comme ne pas pouvoir surmonter la maladie.*

Résultat obtenu : la patiente partage ses craintes profondes, permettant une discussion plus ciblée sur ses peurs spécifiques.

Praticien : *comment vous sentiriez-vous si vous envisagiez des scénarios plus positifs ?*

Effet recherché : encourager la patiente à envisager des perspectives plus optimistes pour modifier sa perception et réduire l'anxiété.

Patiente : *cela me semble difficile, mais je pense que je me sentirais plus légère.*

Résultat obtenu : la patiente reconnaît la possibilité de se sentir mieux, même si cela lui semble difficile, ouvrant la voie à une exploration de pensées plus positives.

Praticien : *quelle est la chose la plus importante pour vous en ce moment ?*

Effet recherché : aider la patiente à identifier ses priorités, offrant un point de départ pour développer des stratégies de gestion de ses émotions et de sa maladie.

Patiente : *ma priorité est de rester forte pour ma famille.*

Résultat obtenu : La patiente identifie une source de motivation, ce qui peut être utilisé pour renforcer sa résilience et son bien-être émotionnel.

Praticien : *en quoi rester forte pour votre famille vous aide-t-il dans cette épreuve ?*

Effet recherché : amener la patiente à reconnaître les aspects positifs de sa situation et à trouver des sources de force intérieure.

Patiente : *cela me donne un but et me motive à continuer à me battre.*

Résultat obtenu : la patiente reconnaît un facteur motivant significatif, ce qui peut augmenter son sentiment de contrôle et d'optimisme.

Praticien : *y a-t-il des moments où vous vous sentez particulièrement forte ou résiliente ?*

Effet recherché : encourager la patiente à se rappeler et à se concentrer sur les moments de force, renforçant ainsi sa confiance en sa capacité à faire face à la maladie.

Patiente : *oui, surtout après avoir parlé avec ma famille ou après une consultation réussie.*

Résultat obtenu : la patiente identifie des circonstances spécifiques qui renforcent sa résilience, ce qui peut être utilisé pour construire des stratégies d'adaptation.

Praticien : *comment pourriez-vous intégrer ces moments de force dans votre quotidien ?*

Effet recherché : guider la patiente afin qu'elle utilise activement ses expériences positives afin de renforcer sa capacité à gérer le stress et l'anxiété.

Patiente : *je pourrais peut-être commencer un journal où je note ces moments.*

Résultat obtenu : la patiente propose une stratégie concrète pour augmenter sa conscience de ses forces, ce qui peut améliorer son bien-être émotionnel.

Praticien : *quelle est la chose la plus encourageante que quelqu'un vous ait dite récemment ?*

Effet recherché : amener la patiente à se rappeler et à valoriser le soutien qu'elle reçoit, ce qui peut améliorer son moral et sa résilience.

Patiente : *mon médecin m'a dit que mes récents résultats de tests étaient prometteurs.*

Résultat obtenu : la patiente partage une expérience positive qui a un impact direct sur son optimisme et sa perspective concernant sa maladie.

Praticien : *comment cette nouvelle a-t-elle affecté votre vision de l'avenir ?*

Effet recherché : encourager la patiente à explorer comment les nouvelles positives peuvent influencer positivement ses attentes et ses sentiments envers l'avenir.

Patiente : *cela m'a donné de l'espoir et m'a fait sentir que je peux gagner cette bataille.*

Résultat obtenu : la patiente exprime un sentiment renouvelé d'espoir et de positivité, ce qui est essentiel pour son bien-être émotionnel et sa résilience.

Praticien : *en pensant à l'avenir, quels sont vos espoirs et vos objectifs ?*

Effet recherché : aider la patiente à définir des objectifs et des aspirations clairs, ce qui peut la motiver et lui donner un sens de direction.

Patiente : *j'espère reprendre mes activités normales et passer plus de temps avec ma famille.*

Résultat obtenu : la patiente exprime des désirs et des objectifs positifs, qui peuvent servir de motivation et de guide pour sa guérison et sa vie quotidienne.

Praticien : *quelles étapes pouvez-vous envisager pour atteindre ces objectifs ?*

Effet recherché : encourager la patiente à planifier activement et à prendre des mesures concrètes pour atteindre ses objectifs, renforçant son sentiment d'efficacité personnelle.

Patiente : *je peux suivre mon traitement scrupuleusement et planifier des activités familiales régulières.*

Résultat obtenu : la patiente identifie des actions spécifiques qu'elle peut entreprendre, ce qui augmente son sentiment de contrôle sur sa vie et sa maladie.

La visualisation

Praticien : *maintenant, nous allons passer à la technique de la visualisation. La visualisation est un exercice mental où vous créez consciemment des images positives dans votre esprit. L'objectif est de vous aider à ressentir et à vivre ces images comme si elles étaient réelles. Cela peut influencer positivement votre état d'esprit et vos émotions. Nous utilisons également une méthode appelée "futurisation positive", où nous créons une situation dans le présent avec une projection dans un futur souhaitable. Cela peut renforcer les objectifs que vous avez déterminés précédemment. Avez-vous des questions sur la visualisation ou sur la manière de procéder ?*

Patiente : *comment puis-je m'assurer que les images que je visualise sont assez réalistes ?*

Praticien : *l'important n'est pas que les images soient réalistes au sens strict, mais qu'elles soient significatives pour vous. Elles doivent représenter vos espoirs et vos désirs. Même si elles semblent idéalisées, leur impact émotionnel est très réel. Visualisez des scènes qui vous apportent de la joie, de l'espoir ou de la sérénité.*

Patiente : *d'accord, je crois que je comprends. Je vais essayer.*

Praticien : *prenez votre temps, fermez les yeux si vous le souhaitez, et créez une scène positive dans votre esprit, en lien avec vos objectifs et vos aspirations.*

La patiente ferme les yeux et commence à visualiser. Après quelques instants, un sourire apparaît sur ses lèvres, son visage semble détendu et son buste se redresse légèrement.

Praticien : *je vois un sourire sur vos lèvres. Pouvez-vous me donner des détails sur ce que vous vivez dans cette scène ? Quels sont les sentiments ou émotions que cette plongée éveille en vous ?*

Patiente : *dans ma visualisation, je me vois en bonne santé, entourée de ma famille. Nous sommes en train de célébrer un événement important. Je ressens une immense joie, de l'amour et un sentiment de triomphe sur ma maladie. C'est comme si je pouvais vraiment sentir cette réalité future, et cela me remplit d'espoir et de force.*

Praticien : *c'est merveilleux. Ces sentiments que vous éprouvez sont un reflet puissant de votre esprit et de votre résilience. Gardez ces images et ces sensations en mémoire ; elles sont une source précieuse de force et d'inspiration. Je suis heureux de voir l'effet positif que la visualisation a eu sur vous. Maintenant, avec votre accord, j'aimerais doucement progresser vers une séance d'hypnose. Elle favorisera une intégration plus profonde de ces sensations dans votre conscience, ce qui peut être très bénéfique pour votre bien-être global. Êtes-vous en accord avec l'idée de poursuivre par une séance d'hypnose ?*

En formulant cette transition vers l'hypnose, le praticien attend certaines réactions de la part du patient :

Acceptation et Ouverture : la principale réaction attendue est l'acceptation et l'ouverture à l'idée de poursuivre avec l'hypnose. Ceci indiquerait que la patiente fait confiance au praticien et est prêt à explorer d'autres méthodes pour améliorer son bien-être.

Curiosité ou intérêt : le praticien peut également s'attendre à une certaine curiosité ou intérêt de la part de la patiente concernant l'hypnose, en particulier si c'est une nouvelle expérience pour lui.

Questionnement ou clarification : la patiente peut avoir des questions ou chercher des clarifications sur ce que l'hypnose implique, ses effets, et comment elle peut l'aider.

Cela démontre une participation active et un désir de comprendre le processus.

Expression de sentiments ou d'inquiétudes : le praticien pourrait s'attendre à ce que la patiente exprime ses sentiments ou ses inquiétudes concernant l'hypnose, surtout s'il a des appréhensions ou des doutes à propos de cette technique.

Consentement éclairé : le praticien attend une réponse qui indique un consentement éclairé de la patiente, ce qui signifie qu'elle comprend ce que l'hypnose implique et accepte volontairement de participer.

Réponse émotionnelle : enfin, le praticien pourrait observer la réponse émotionnelle de la patiente : comme le soulagement, l'espoir, ou la tranquillité, indiquant que la patiente perçoit l'hypnose comme une étape positive et aidante dans son processus de guérison et de bien-être.

Patiente : *oui, je suis ouverte à cette séance d'hypnose. La visualisation a été une expérience vraiment positive pour moi, et si l'hypnose peut renforcer cela, je suis prête à l'essayer. J'ai confiance en vous et je me sens en sécurité ici.*

La réponse de la patiente exprime plusieurs éléments clés :

1. **Ouverture et réceptivité** : sa déclaration "oui, je suis ouverte à cette séance d'hypnose" montre qu'elle est réceptive et disposée à explorer de nouvelles méthodes pour son bien-être.

2. **Expérience positive précédente** : en mentionnant que la visualisation a été "une expérience vraiment positive", elle indique que les techniques précédemment utilisées ont eu un

impact bénéfique sur elle, ce qui augmente sa confiance dans les méthodes proposées par le praticien.

3. **Volonté d'essayer de nouvelles approches** : lorsqu'elle dit "si l'hypnose peut renforcer cela, je suis prête à l'essayer", cela démontre sa volonté d'explorer des approches complémentaires pour améliorer son état.

4. **Confiance en le praticien** : sa phrase "J'ai confiance en vous" est importante car elle révèle un niveau élevé de confiance envers le praticien, ce qui est essentiel pour l'efficacité de toute intervention thérapeutique.

5. **Sentiment de sécurité** : enfin, le fait qu'elle se sente "en sécurité ici" est un indicateur important de son niveau de confort et de tranquillité dans l'environnement thérapeutique, ce qui est fondamental pour se livrer à des pratiques telles que l'hypnose.

En résumé, la réponse de la patiente montre une combinaison de réceptivité, d'expériences positives antérieures, de confiance, de volonté d'explorer de nouvelles techniques et un sentiment de sécurité et de confort avec le praticien et l'environnement, tous ces éléments sont indispensables à la réussite d'une expérience thérapeutique.

Séance d'hypnose
Phase 1 : inductions

1. **Respiration profonde** : "*Commençons par prendre de profondes respirations. Inspirez lentement... et expirez... Chaque respiration vous aide à vous détendre davantage...*"

2. **Relaxation musculaire progressive** : "*Maintenant, concentrez-vous sur la détente de chaque groupe de muscles, en commençant par vos pieds... montant lentement jusqu'à la tête, relâchant chaque tension...*"

3. **Visualisation d'un lieu paisible** : "*Imaginez un lieu de tranquillité, un endroit où vous vous sentez en sécurité et paisible...Vous y êtes complètement détendue...*"

4. **Approfondissement** : "*À chaque mot que je prononce, vous vous enfoncez de plus en plus dans un état de relaxation profonde... Vous vous sentez de plus en plus calme...*"

5. **Compte à rebours** : "*Je vais compter de dix à un. Avec chaque chiffre, vous vous sentirez plus détendue et plus profondément immergée dans cet état de relaxation...*"
Le praticien compte de 10 à 1 en laissant passer 3 secondes entre chaque chiffre.

6. **Utilisation de métaphores** : "*Imaginez que vous êtes comme une feuille flottant doucement sur une rivière calme... Chaque mouvement de l'eau vous emporte plus loin dans la détente...*"

7. **Suggestions de tranquillité** : "*Votre esprit est calme et serein...Vous êtes en parfaite harmonie avec vous-même...*"

8. **Ancrage de la visualisation positive** : "*Rappelez-vous de votre visualisation précédente... vous, en bonne santé... entourée de votre*

famille, célébrant un événement important... Ressentez à nouveau cette joie immense... cet amour et ce sentiment de triomphe..."

9. **Renforcement des sensations positives** : "*Ces sensations de bonheur... d'amour et de victoire sur la maladie sont en vous... Vous pouvez les ressentir encore plus profondément, les intégrant dans votre conscience...*"

10. **Assurance et confiance** : "*Vous avez en vous la force et l'espoir nécessaires... Chaque fois que vous penserez à cette visualisation, vous ressentirez un renouveau de ces émotions positives et de cette force...*"

Phase 2
Suggestions thérapeutiques en explorant les ressources profondes de la patiente afin de l'aider à surmonter le cancer du sein

1. **Renforcement de la résilience** : "*Vous avez une force intérieure incroyable, une résilience qui vous a portée jusqu'ici... Chaque jour, cette force grandit... vous aidant à faire face à chaque étape de votre parcours avec courage et détermination...*"

2. **Confiance en la capacité de guérison du corps** : "*Votre corps a une capacité naturelle à guérir et à se régénérer... Imaginez cette capacité se renforçant... travaillant en harmonie avec les traitements médicaux...* (à adapter : chimiothérapie ou radiothérapie), *pour combattre et surmonter la maladie...*"

3. **Gestion de la douleur et du stress** : "*Visualisez-vous gérant la douleur et le stress avec aisance... Chaque souffle que vous prenez vous apporte calme et relaxation... diminuant toute sensation d'inconfort ou d'anxiété...*"

4. **Visualisation positive de la santé** : "*Imaginez votre santé s'améliorant jour après jour... Chaque cellule de votre corps travaille vers un état de santé complète et de bien-être...*"

5. **Célébration des petites victoires** : "*Chaque petit progrès est une victoire... Célébrez ces moments avec joie... car ils sont les pierres angulaires de votre parcours vers la guérison...*"

6. **Connexion émotionnelle et soutien** : "*Sentez le soutien inconditionnel des personnes qui vous sont proches... Leur présence et leurs encouragements vous entourent comme une énergie puissante... vous donnant force et espoir...*"

7. **Optimisme et espoir pour l'avenir** : "*Visualisez un futur où vous êtes complètement guérie, menant une vie pleine et heureuse... Cet avenir est lumineux et plein de possibilités...*"

8. **Acceptation et paix intérieure** : "*Acceptez-vous telle que vous êtes... en reconnaissant que cette expérience fait partie de votre parcours... Trouvez la paix intérieure dans cette acceptation...*"

9. **Énergie et vitalité** : "*Imaginez une vague d'énergie et de vitalité traversant votre corps... Cette énergie vous aide à rester active... engagée et positive tout au long de votre traitement...*"

10. **Affirmations positives** : "*Répétez en vous des affirmations positives. Par exemple, 'Je suis forte'... 'Je suis capable de surmonter cette épreuve'... 'Je suis entourée d'amour et de soutien'...*"

Ces suggestions thérapeutiques sont conçues pour renforcer la confiance de la patiente en ses capacités de guérison, diminuer son anxiété et sa douleur et encourager un état d'esprit positif et résilient face à la maladie.

Séance de magnétisme

Dans le prolongement, le praticien entame la séance de magnétisme dans une transition respectueuse, il explique doucement à voix basse chaque étape de la procédure pour maintenir la patiente dans un état de conscience et de réceptivité :

1. **Dévitalisation des cellules cancéreuse**s : "*Alors que vous êtes dans cet état réceptif, je commence par agir sur les cellules cancéreuses. Je vise à dévitaliser ces cellules cancéreuses… Cela se fait par la projection d'une intention et d'une énergie spécifique, focalisée sur l'affaiblissement de ces cellules nuisibles…*"

2. **Renforcement du système immunitaire par le magnétisme** : "*Maintenant, je passe à des techniques de magnétisme pour renforcer votre système immunitaire… Je commence par le thymus, situé dans votre poitrine… en utilisant des passes magnétiques douces pour stimuler et fortifier cette glande essentielle à la réponse immunitaire…*"

"*Je continue ensuite avec le système lymphatique… en déplaçant mes mains le long des chemins lymphatiques pour stimuler la circulation et aider à l'élimination des toxines…*"

"*À présent, je me focalise sur la rate, un organe clé de votre système immunitaire… Je dirige l'énergie vers la rate pour augmenter sa capacité à filtrer le sang et à combattre les infections...*"

"*Maintenant, j'agis sur le foie, un organe vital pour le nettoyage et la détoxification du corps… Mes passes magnétiques visent à renforcer sa fonction, aidant ainsi votre corps à gérer et à éliminer efficacement les substances indésirables...*"

Le praticien emploie la technique de la main témoin, développée par le Dr. Carpenter, afin d'acquérir des indications précises sur l'efficacité du soin en cours.

En suivant ces étapes, le praticien utilise le magnétisme pour cibler à la fois la source du problème (les cellules cancéreuses) et renforcer les systèmes de défense naturels du corps (le système immunitaire), créant ainsi un environnement propice à la guérison et au bien-être de la patiente.

Phase 3
Retour progressif à la pleine conscience

Après avoir délivré les suggestions positives hypnotiques, et pratiqué la séance de magnétisme, il est important de guider la patiente pour qu'elle revienne progressivement à un état de pleine conscience, prête à réintégrer son environnement. Voici une procédure possible.

1. **Réintégration graduelle de la conscience** : "*Alors que nous approchons de la fin de cette séance, commencez lentement à revenir à votre pleine conscience. Prenez votre temps.*"

2. **Reprise de la conscience corporelle** : "*Commencez à ressentir à nouveau votre corps... Prenez conscience de vos mains... de vos pieds... de votre respiration... Sentez comment votre corps repose sur le fauteuil, sentez la pièce autour de vous.*"

3. **Encouragement à la légèreté et à l'énergie** : "*Alors que vous revenez, vous vous sentez rafraîchie, reposée, et pleine d'énergie. Chaque partie de votre corps se réveille doucement, se remplissant d'une nouvelle vitalité.*"

4. **Orientation dans le temps et l'espace** : *"Prenez conscience du moment présent, de l'heure et du lieu où vous vous trouvez. Vous êtes en sécurité et en parfaite santé."*

5. **Compte à rebours pour le réveil** : *"Je vais compter de un à cinq. À chaque chiffre, vous vous sentirez de plus en plus éveillée et alerte. Un... deux... commencez à bouger légèrement vos doigts et vos orteils. Trois... quatre... prenez une profonde respiration et étirez-vous si vous en ressentez le besoin. Cinq... ouvrez les yeux, pleinement éveillée, vous sentant bien et en pleine forme."*

6. **Confirmation du bien-être** : *"Comment vous sentez-vous maintenant ? Prenez un moment pour vous ancrer dans cette sensation de bien-être et de calme."*

7. **Encouragement à la réflexion** : *"Si vous le souhaitez, prenez un moment après la séance pour réfléchir sur votre expérience, et comment vous pouvez utiliser les sentiments et les pensées que vous avez explorés aujourd'hui dans votre vie quotidienne."*

8. **Recommandation de boire de l'eau** : *"Je vous recommande de boire un verre d'eau pour aider à éclaircir l'esprit et à réhydrater votre corps."*

9. **Assurance de soutien continu** : *"Rappelez-vous que les bénéfices de cette séance continueront à se manifester. Si vous avez des questions ou si vous avez besoin de soutien supplémentaire, n'hésitez pas à me contacter."*

10. **Fermeture positivement orientée** : *"Prenez avec vous les sentiments de force, d'espoir et de bien-être que vous avez ressentis aujourd'hui."*

Ce tableau offre une vue d'ensemble claire des différentes étapes du soin et de leurs objectifs, illustrant une approche globale et intégrée dans le traitement de la patiente.

Méthode	Résultat Cherché
Dialogue de type maïeutique	Permettre à la patiente d'exprimer son état émotionnel et de prendre conscience de ses angoisses.
Technique de visualisation	Aider la patiente à créer des images positives influençant son état d'esprit et ses émotions.
Séance d'hypnose (Inductions)	Amener la patiente dans un état de relaxation profonde et de réceptivité.
Suggestions thérapeutiques hypnotiques	Explorer les ressources internes pour aider la patiente à surmonter le cancer du sein.
Séance de magnétisme (Dévitalisation des cellules cancéreuses)	Affaiblir les cellules cancéreuses en utilisant des techniques énergétiques.
Renforcement du système immunitaire (Magnétisme)	Stimuler et fortifier le système immunitaire : thymus, système lymphatique, rate, foie.

Méthode	Résultat Cherché
Utilisation de la méthode de la main témoin	Obtenir des retours sur l'efficacité du soin en cours et ajuster le traitement.
Retour progressif à la pleine conscience	Réintégrer la patiente à son environnement, en conservant les bienfaits de la séance.

Chapitre 16
Affections pulmonaires

Schéma d'une séance type pour les affections pulmonaires

Les affections pulmonaires doivent être abordées avec le plus grand sérieux. Il est essentiel de consulter un professionnel de santé qualifié, afin d'obtenir un diagnostic précis, avant d'envisager des traitements alternatifs.

Les maladies des poumons sont nombreuses et peuvent avoir des symptômes variés tels que la toux, la fièvre, l'essoufflement, la respiration sifflante, la douleur thoracique, la fatigue ou l'essoufflement. Les pathologies les plus courantes sont l'asthme, la bronchopneumopathie chronique obstructive (BPCO) et le cancer des poumons. [*Si un individu atteint d'un cancer des poumons consulte un praticien spécialisé en hypnose et magnétisme, il est possible d'adapter le traitement en suivant l'exemple précédemment établi pour le cancer du sein, tout en prenant en compte les spécificités et les besoins uniques liés au cancer des poumons.*]

Dialogue de type maïeutique

Praticien : *bonjour, comment vous sentez-vous aujourd'hui ?*

Effet recherché : engager le patient dans une réflexion sur son état actuel, tant physique qu'émotionnel.

Patient : *je me sens assez fatigué et un peu anxieux.*

Résultat obtenu : le patient commence à prendre conscience de son état de santé et de son état émotionnel.

Praticien : *pouvez-vous me décrire ce qui vous fatigue le plus dans votre quotidien ?*

Effet recherché : aider le patient à identifier les aspects spécifiques de sa maladie qui affectent son quotidien.

Patient : *surtout, c'est la difficulté à respirer qui me fatigue.*

Résultat obtenu : *le patient reconnaît un symptôme clé de son affection pulmonaire, important pour le traitement.*

Praticien : *comment gérez-vous ces difficultés respiratoires ?*

Effet recherché : comprendre les stratégies actuelles du patient pour gérer ses symptômes.

Patient : *j'essaie de me reposer souvent et d'éviter les efforts.*

Résultat obtenu : le patient montre une certaine conscience de la gestion de ses symptômes, mais pourrait bénéficier de stratégies plus efficaces.

Praticien : *qu'est-ce qui vous aide à vous sentir mieux lorsque vous avez des difficultés à respirer ?*

Effet recherché : identifier les méthodes de soulagement efficaces pour le patient.

Patient : *prendre de l'air frais et utiliser mon inhalateur.*

Résultat obtenu : le patient utilise des moyens pratiques pour soulager ses symptômes, ce qui est positif.

Praticien : *comment décririez-vous votre état d'esprit face à votre affection pulmonaire ?*

Effet recherché : encourager le patient à explorer son attitude et ses croyances concernant sa maladie.

Patient : *je me sens souvent découragé, mais j'essaie de rester positif.*

Résultat obtenu : le patient révèle des sentiments mixtes, indiquant la nécessité d'un soutien émotionnel.

Praticien : *quels sont vos objectifs en matière de santé pulmonaire ?*

Effet recherché : aider le patient à définir des objectifs clairs pour sa santé.

Patient : *j'aimerais pouvoir faire plus d'activités sans me sentir essoufflé.*

Résultat obtenu : le patient exprime un désir d'amélioration, indiquant une motivation pour le changement.

Praticien : *Avez-vous des activités quotidiennes pour prendre soin de vos poumons ?*

Effet recherché : comprendre les habitudes quotidiennes du patient liées à la gestion de sa maladie.

Patient : *je prends mes médicaments et j'évite les endroits où l'air est pollué.*

Résultat obtenu : le patient a une routine de base pour prendre soin de sa santé pulmonaire.

Praticien : *avez-vous déjà essayé des méthodes alternatives pour améliorer votre respiration ?*

Effet recherché : explorer l'ouverture du patient à des approches complémentaires.

Patient : *non, je ne connais pas vraiment d'autres méthodes.*

Résultat obtenu : le patient manque d'information sur les méthodes alternatives, ce qui pourrait être une opportunité pour l'éducation.

Praticien : *comment votre entourage réagit-il à votre affection pulmonaire ?*

Effet recherché : examiner le soutien social du patient.

Patient : *ma famille est très soutenante, mais je pense qu'ils s'inquiètent.*

Résultat obtenu : le patient bénéficie d'un soutien familial, mais il y a aussi une préoccupation pour le bien-être émotionnel de la famille.

Praticien : *quels changements pourriez-vous envisager pour améliorer votre santé ?*

Effet recherché : encourager le patient à réfléchir à des changements de mode de vie positifs.

Patient : *peut-être que je pourrais essayer de faire plus d'exercices doux.*

Résultat obtenu : le patient s'ouvre à l'idée d'intégrer de nouvelles pratiques bénéfiques dans sa routine.

Praticien : *comment vous sentez-vous après avoir parlé de votre condition physique aujourd'hui ?*

Effet recherché : aider le patient à prendre conscience de ses sentiments après avoir partagé ses expériences et réflexions.

Patient : *ça fait du bien d'en parler, ça me donne du courage et un de l'espoir.*

Résultat obtenu : le patient ressent un soulagement émotionnel et un regain d'optimisme après la discussion.

Visualisation

Praticien : *à présent, je voudrais vous présenter une méthode connue sous le nom de visualisation. C'est une méthode où vous utilisez votre imagination pour créer des images mentales apaisantes ou positives. L'objectif est de vous aider à vous détendre et à envisager un avenir où vous gérez mieux votre affection pulmonaire. C'est ce qu'on appelle la "futurisation positive". Vous imaginez un futur où vous êtes en meilleure santé et plus à l'aise avec votre maladie. Cela peut aider à réduire le stress et les difficultés respiratoires. Est-ce que tout cela vous semble clair ? Avez-vous des questions ?*

Patient : *non, ça semble assez clair. Comment dois-je commencer ?*

Praticien : *bien, je vous invite à vous détendre. Afin de mieux vous relaxer, vous pouvez fermer les yeux.*
Prenez quelques respirations profondes… Maintenant, si vous le souhaitez, imaginez un lieu ou un moment où vous vous sentez complètement en sécurité et détendu… Cela peut être un lieu réel ou non… Pensez aux détails de cet endroit : les couleurs, les sons, les sensations… Ensuite, imaginez-vous dans ce lieu, respirant facilement et librement, sans aucune difficulté… Visualisez-vous faisant des activités que vous aimez sans être gêné par votre respiration… Prenez le temps de construire cette scène dans votre esprit, en utilisant vos propres images… Laissez votre imagination vous guider.

Praticien : (après une pause, observant les signes de détente chez le patient) *je remarque un sourire sur vos lèvres et que vous semblez plus détendu. Pouvez-vous me décrire ce que vous vivez dans cette scène ? Quels détails voyez-vous ? Quels sentiments ou émotions cette visualisation éveille-t-elle en vous ?*

Cette question permet au patient de verbaliser son expérience, ce qui renforce l'effet positif de la visualisation.

En partageant les détails, le patient peut approfondir son engagement dans l'exercice et consolider les images positives qu'il a créées. Cela aide également le praticien à comprendre l'impact émotionnel de l'exercice sur le patient.

Le patient commence alors à décrire sa visualisation : "*Je suis dans un jardin paisible, avec des fleurs colorées partout. Il y a une légère brise et le soleil est doux. Je marche sans me sentir essoufflé, en me sentant complètement libre et léger. Les chants des oiseaux m'apaisent.*"

Praticien : *et comment vous sentez-vous dans cette scène ?*

Patient : *je ressens une profonde tranquillité, un sentiment de liberté. Je ne suis plus angoissé par ma respiration. C'est comme si j'avais retrouvé une partie de moi que j'avais perdue.*

Ce partage permet au patient de prendre conscience des émotions positives qu'il peut générer grâce à la visualisation. Cela montre également l'efficacité de la technique pour induire des états de relaxation et d'espoir, essentiels dans la gestion de l'affection pulmonaire et de ses symptômes associés.

Praticien : *très bien, continuez à vous immerger pleinement dans cette scène pour renforcer les effets positifs et bénéfiques... Sentez chaque détail de cet environnement comme s'il était réel, permettant à ces sensations de bien-être de s'intensifier...*

Séance d'hypnose
Préparation

Praticien : *alors que vous êtes immergé dans cette visualisation positive, ressentant ces émotions apaisantes et bénéfiques, nous allons doucement nous diriger vers une séance d'hypnose. L'objectif est d'ancrer profondément ces résultats bénéfiques obtenus par la visualisation. L'hypnose va nous aider à consolider ces sensations de bien-être et de liberté respiratoire, les rendant encore plus accessibles dans votre vie quotidienne. Je vais vous guider à travers ce processus en douceur, à chaque étape. Êtes-vous à l'aise avec cela et prêt à poursuivre ?*

Patient : *oui, je me sens à l'aise avec cela et prêt à continuer. La visualisation m'a déjà apporté une grande paix, et j'ai hâte de voir comment l'hypnose peut renforcer ces sensations. Allons-y.*

Séance

Le praticien laisse passer 4 à 5 secondes après les virgules et les points.

Praticien : *Vous pouvez fermer les yeux si vous le voulez, ou les garder ouverts, comme vous préférez. Respirez profondément, et détendez-vous. Détendez votre front, vos yeux, votre mâchoire, votre cou…
Détendez vos épaules, vos bras, vos mains, vos doigts…
Détendez votre poitrine, votre ventre, votre dos…
Détendez vos hanches, vos jambes, vos pieds, vos orteils…
Détendez tout votre corps, de la tête aux pieds, et laissez-vous aller à la relaxation…*

Maintenant, je vais compter de dix à zéro et, à chaque chiffre, vous allez vous sentir de plus en plus détendu, de plus en plus profondément. Dix… Neuf… Huit… Sept… Six… Cinq… Quatre… Trois… Deux… Un… Zéro.

Vous êtes maintenant dans un état de détente profonde... Vous pouvez ressentir des sensations agréables dans votre corps, comme de la chaleur, de la légèreté, ou du bien-être... Vous pouvez aussi ressentir des mouvements involontaires, comme des frissons, des tremblements, ou des fourmillements... Ce sont des signes que votre inconscient travaille avec vous, et que vous êtes en train de changer...

Dans cet état d'hypnose, vous avez accès à toutes vos ressources, à toutes vos capacités, à tout votre potentiel...
Vous pouvez vous souvenir de moments où vous avez réussi, où vous avez été fier, où vous avez été heureux...
Vous pouvez aussi imaginer des situations où vous atteignez vos objectifs, où vous vous épanouissez, où vous vous réalisez...
Vous pouvez aussi créer de nouvelles solutions, de nouvelles possibilités, de nouvelles perspectives...
Vous pouvez faire tout ce que vous voulez, dans le respect de vous-même et des autres...

Et alors que vous profitez de ce moment exceptionnel, demandez à votre subconscient de communiquer avec votre moi profond, qui détient toutes les clés pour que votre organisme fonctionne de manière optimale...

Pensez ceci : "Intelligence universelle, permets à mon subconscient d'harmoniser toutes les fonctions de mon organisme... et particulièrement mon système respiratoire... afin que je puisse me rétablir rapidement..."

Je vais maintenant vous laisser quelques minutes pour explorer cet état d'hypnose, et pour profiter de vos ressources et de vos capacités... Je vais rester silencieux, mais je serai toujours là, à vos côtés, pour vous accompagner et vous soutenir... Quand je reprendrai la parole, je vous guiderai pour sortir de l'état hypnotique, en douceur et en sécurité. Profitez bien de ce moment et faites-vous confiance...

Séance de magnétisme

Praticien : *alors que vous êtes dans cet état profondément réceptif et détendu, je vais commencer la séance de magnétisme... Vous n'avez rien à faire, juste à rester détendu et à respirer normalement...*

1. Je commence par effectuer des passes d'assainissement autour de vos poumons... Ces mouvements visent à désencombrer vos poumons des énergies nocives et stagnantes... Imaginez ces passes comme des ratissages doux, éliminant tout ce qui est inutile ou nuisible dans vos poumons... Maintenant, je procède à des extractions, retirant délicatement toute énergie négative, laissant vos poumons clairs et purifiés...

2. Je poursuis avec des passes de magnétisme pour renforcer votre système immunitaire... En commençant par le thymus, imaginez une lumière chaude et apaisante qui renforce cette glande essentielle... Ensuite, je me concentre sur votre système lymphatique, le purifiant et le dynamisant avec cette même lumière bienveillante... Puis, je passe à la rate, un organe clé de votre système immunitaire, en l'infusant de cette énergie curative... Enfin, je focalise mon attention sur le foie, un organe vital pour votre santé globale, en le fortifiant avec ces passes magnétiques...

Je vais maintenant vous laisser quelques minutes pour explorer cet état d'hypnose, et pour profiter de vos ressources et de vos capacités... Je vais rester silencieux, mais je serai toujours là, à vos côtés, pour vous accompagner et vous soutenir... Quand je reprendrai la parole, je vous guiderai pour sortir de l'état hypnotique, en douceur et en sécurité. Profitez bien de ce moment, et faites-vous confiance. [Pause de deux minutes]

Il est maintenant temps de revenir à l'état de veille, à votre rythme et à votre manière. Je vais compter d'un à cinq et, à chaque chiffre, vous allez revenir de plus en plus à la conscience ordinaire, en gardant avec vous tout ce que vous avez appris, tout ce que vous avez changé, tout ce que vous avez gagné. Un... Deux... Trois... Quatre... Cinq. Ouvrez les yeux, et revenez ici et maintenant. Comment vous sentez-vous ?

Patient : *je me sens incroyablement détendu et serein. C'est comme si un poids avait été levé de mes épaules. Ma respiration me semble plus aisée, plus fluide. C'était une expérience vraiment apaisante et revitalisante.*

Praticien : *Je suis ravi de l'entendre. Ces sensations de légèreté et de clarté sont le signe que les séances ont eu un effet positif. N'hésitez pas à revenir sur cette expérience de relaxation profonde et de purification énergétique dans votre quotidien, surtout dans les moments où vous vous sentez tendu ou essoufflé. Votre esprit et votre corps peuvent désormais mieux travailler ensemble pour maintenir cet état de bien-être.*

Ce tableau synthétise l'approche thérapeutique adoptée pour traiter les affections pulmonaires, en combinant diverses techniques centrées sur la prise de conscience, la relaxation, et le renforcement des capacités personnelles du patient.

Méthode	Résultat Cherché
Dialogue de type maïeutique	Engagement du patient dans une réflexion sur son état, identification des symptômes et émotions, définition des objectifs de santé.
Visualisation	Création d'un état de relaxation et d'espoir, réduction du stress et amélioration de la gestion de la respiration.

Méthode	Résultat Cherché
Séance d'hypnose - Préparation	Transition vers un état d'hypnose pour ancrer les résultats positifs de la visualisation, renforcement des sensations de bien-être.
Séance d'hypnose - Séance	Utilisation de l'état d'hypnose pour accéder aux ressources internes, renforcement de la confiance en soi et de la capacité à gérer la maladie.
Séance de magnétisme	Assainissement énergétique des poumons, renforcement du système immunitaire, apport de bien-être et de relaxation profonde.

Chapitre 17
Les maladies de la prostate

Ce sont des affections qui touchent la prostate, une glande de la taille d'une noix située chez l'homme sous la vessie et entourant l'urètre.

Ces maladies comprennent principalement :

1. Hypertrophie bénigne de la prostate (HBP)
- Symptômes : difficulté à commencer à uriner, jet urinaire faible ou intermittent, urgence fréquente d'uriner, difficultés pour vider complètement la vessie, mictions nocturnes fréquentes. Le risque d'HBP augmente avec l'âge, en particulier après 50 ans. La majorité des hommes de plus de 60 ans présentent une certaine forme d'HBP.

2. Prostatite (inflammation de la prostate)
- Symptômes : douleur dans le bas-ventre, région pelvienne ou périnéale, douleur en urinant, urgence et fréquence urinaire accrues, parfois fièvre et frissons en cas d'infection bactérienne.

3. Cancer de la Prostate
- Symptômes (souvent silencieux dans les premiers stades) : Difficulté à uriner, diminution de la force du jet urinaire, présence de sang dans l'urine ou le sperme, douleur dans le bas du dos, les hanches ou les cuisses, perte de poids inexpliquée.

Il est important de noter que certains de ces symptômes peuvent être communs à plusieurs de ces conditions et ne sont pas toujours indicatifs d'un problème grave. Cependant, avant de faire appel à un magnétiseur, la consultation d'un professionnel de santé pour un diagnostic précis est toujours recommandée en cas de symptômes persistants.

Début de la consultation

Dialogue de type maïeutique

Praticien : *bonjour, comment vous sentez-vous aujourd'hui ?*

Effet recherché : amener le patient à exprimer son état actuel, à s'ouvrir sur sa condition et à établir un premier contact empathique.

Patient : *bonjour, je me sens un peu anxieux, je ne sais pas à quoi m'attendre.*

Résultat obtenu : le patient exprime une émotion de base, signe d'un début de communication ouverte.

Praticien : *qu'est-ce qui vous amène à ressentir de l'anxiété ?*

Effet recherché : identifier les pensées ou situations spécifiques qui provoquent de l'anxiété chez le patient pour mieux cerner sa situation.

Patient : *c'est surtout l'inconfort et les symptômes que je ressens, cela me préoccupe beaucoup.*

Résultat obtenu : le patient commence à associer ses émotions à son état physique, un premier pas vers l'introspection.

Praticien : *quand vous parlez d'inconfort, pouvez-vous me décrire ce que vous ressentez précisément ?*

Effet recherché : encourager le patient à verbaliser et à prendre conscience de ses sensations physiques, un élément clé dans la gestion de la douleur.

Patient : *je ressens une pression constante et des brûlures, surtout lorsque j'urine.*

Résultat obtenu : le patient fournit des détails sur ses symptômes, ce qui permet de mieux comprendre son expérience personnelle de la maladie.

Praticien : *comment ces sensations affectent-elles votre quotidien ?*

Effet recherché : mesurer l'impact des symptômes sur la vie quotidienne du patient pour évaluer la gravité de la situation.

Patient : *cela perturbe mon sommeil et ma concentration au travail.*

Résultat obtenu : le patient reconnaît l'impact fonctionnel de ses symptômes, permettant de délimiter les domaines de la vie affectés.

Praticien : *quelle importance accordez-vous à la résolution de ces perturbations ?*

Effet recherché : pousser le patient à réfléchir sur ses priorités et le niveau d'urgence qu'il attribue à son problème.

Patient : *c'est très important pour moi, je veux retrouver une vie normale.*

Résultat obtenu : le patient exprime une forte motivation pour le changement, ce qui est encourageant pour la suite du processus.

Praticien : *que pourriez-vous faire pour contribuer à ce changement ?*

Effet recherché : amener le patient à réfléchir sur son rôle actif dans le processus de guérison et à envisager des actions concrètes.

Patient : *je suppose que je pourrais chercher des informations sur mon état et peut-être modifier certaines de mes habitudes.*

Résultat obtenu : le patient commence à envisager son implication personnelle et reconnaît la possibilité de prendre des mesures.

Praticien : *qu'est-ce qui, dans vos habitudes, pourrait être lié à votre état de santé actuel ?*

Effet recherché : encourager le patient à faire le lien entre son mode de vie et son état de santé pour favoriser la prise de conscience.

Patient : *je ne fais pas beaucoup d'exercice et mon alimentation n'est pas très équilibrée.*

Résultat obtenu : le patient identifie des aspects de son mode de vie qui peuvent influencer son état de santé.

Praticien : *comment pourriez-vous intégrer plus d'activité physique dans votre quotidien ?*

Effet recherché : stimuler la réflexion sur des changements comportementaux réalisables et positifs.

Patient : *je pourrais commencer par faire de courtes promenades pendant mes pauses au travail.*

Résultat obtenu : le patient propose une action concrète, montrant sa capacité à planifier des améliorations.

Praticien : *et concernant votre alimentation, quels ajustements semblez-vous prêt à envisager ?*

Effet recherché : amener le patient à réfléchir sur des modifications alimentaires bénéfiques pour sa santé.

Patient : *réduire la consommation de caféine, d'aliments épicés et d'aliments gras pourrait être un début.*

Résultat obtenu : le patient reconnaît des changements spécifiques qu'il peut apporter à son alimentation.

Praticien : *comment évalueriez-vous votre niveau de stress actuel ?*

Effet recherché : examiner le rôle du stress dans l'état de santé du patient et sa gestion de la douleur.

Patient : *je suis souvent stressé, surtout avec la pression au travail.*

Résultat obtenu : le patient admet que le stress est un facteur présent dans sa vie qui pourrait affecter sa santé.

Praticien : *de quelle manière pourriez-vous gérer ce stress plus efficacement ?*

Effet recherché : encourager le patient à identifier des stratégies de gestion du stress.

Patient : *je n'y ai pas beaucoup réfléchi, mais la relaxation ou la méditation ou peut-être la sophrologie pourraient m'aider.*

Résultat obtenu : le patient est ouvert à explorer de nouvelles méthodes pour améliorer sa gestion du stress.

Praticien : *à quel moment de la journée pourriez-vous intégrer une pratique de relaxation ?*

Effet recherché : aider le patient à envisager des moments précis pour mettre en place de nouvelles habitudes de bien-être.

Patient : *le soir me semble un bon moment pour essayer de me détendre et de décompresser.*

Résultat obtenu : le patient trouve un créneau potentiel pour mettre en œuvre des pratiques de réduction du stress.

Praticien : *quelle serait la première étape que vous pourriez prendre dès aujourd'hui pour avancer vers votre objectif de bien-être ?*

Effet recherché : motiver le patient à prendre une action immédiate, renforçant son engagement envers son parcours de guérison.

Patient : *je vais prendre rendez-vous avec un diététicien et rechercher un cours de relaxation dans mon quartier.*

Résultat obtenu : le patient s'engage dans des actions concrètes et immédiates, démontrant un engagement actif dans son processus de guérison.

Technique de la visualisation

Praticien : *je vais vous proposer de pratiquer une technique très puissante appelée la visualisation. C'est un processus où vous utilisez votre imagination pour créer des images mentales claires et détaillées. L'objectif est de vous aider à visualiser un état de bien-être, avec l'intention de favoriser la guérison de votre corps. Vous allez servir de la visualisation pour créer une situation présente et vous projeter dans un futur où vous êtes en parfaite santé, une sorte de futurisation positive. Cela va vous aider à orienter votre esprit et votre corps vers la guérison* de l'inflammation de la prostate et la réduction du stress. Avez-vous des questions sur ce processus avant que nous commencions ?

Patient : *non, cela semble assez clair. Je suis prêt à essayer.*

Praticien : *très bien. Je voudrais que vous vous installiez confortablement et que vous fermiez les yeux. Prenez quelques respirations profondes et concentrez-vous sur la détente de chaque partie de votre corps. [Pause]*
Maintenant, dans cet état de détente, commencez à créer dans votre esprit une scène qui vous est propre, où vous vous voyez pleinement en bonne santé, libre de toute inflammation ou stress. Imaginez cette scène aussi vivement que possible, avec toutes les sensations positives associées.

[Le praticien fait une pause et observe le patient]

(Le patient montre des signes de détente, un sourire se dessine sur ses lèvres et son visage paraît détendu.)

Praticien : *je vois que vous souriez. Pouvez-vous me partager ce que vous visualisez et ce que vous ressentez en ce moment ?*

Patient : *dans ma scène, je me vois marcher dans la nature, respirant librement, sans aucune douleur ni tension. Je me sens léger et plein d'énergie. La nature autour de moi est apaisante, et je me sens en harmonie avec mon corps.*

Praticien : *excellent. Continuez à vous immerger totalement dans cette scène. Ressentez chaque détail positif et laissez ces sensations bienfaisantes se diffuser en vous. Plus vous êtes immergé dans cette expérience, plus vous accentuez les effets positifs sur votre bien-être.*
[Pause]

Transition vers l'hypnose

Praticien : *tandis que vous êtes immergé dans cette visualisation, votre esprit devient de plus en plus réceptif et ouvert...*
Chaque respiration vous guide doucement vers un état de relaxation plus profond...
Laissez cette image paisible vous envelopper, comme une douce couverture de confort et de sécurité...
Votre corps et votre esprit se fondent dans cet environnement, devenant une partie de cette paisible scène...

Hypnose

Alors que vous vous plonger davantage dans cet état de tranquillité, je vais vous guider vers une relaxation encore plus profonde...

Je vous invite à fermer les yeux ...

Ils resteront fermés pendant notre conversation ... Détendez-vous ...

Vos bras, vos jambes sont souples ...

Respirez profondément, lentement à votre rythme ...

Laissez la paix s'installer en vous...

Se répandre dans tout votre corps ...

Relâchez vos muscles...

Vous êtes tout à fait calme...

De plus en plus calme et détendu ...

Une agréable sensation de bien-être envahit votre corps ... Vous glissez de plus en plus profondément dans cette sensation de lourdeur et de bien-être ...

Tout votre corps s'alourdit, de plus en plus ...

Votre tête, vos paupières sont lourdes comme du plomb ...

Vous désirez vous abandonner à cette sensation de détente et de lourdeur...

Votre tête et vos paupières sont de plus en plus lourdes ... Bientôt, je commencerai à compter ...

À chaque nombre, essayez d'ouvrir vos yeux, puis refermez-les aussitôt, lentement ...

Vous pouvez à peine ouvrir vos yeux ...

Vos paupières s'alourdissent, de nombre en nombre, de plus en plus ...

Je compte : un, vous pouvez à peine ouvrir vos yeux ... Deux, vos yeux s'alourdissent, de plus en plus ...

Trois, quatre, cinq : vos paupières sont de plus en plus lourdes ...

Six...

sept ...

Maintenant, vos yeux sont totalement clos ...

Vous désirez les conserver fermés...

Abandonnez-vous au sentiment bienfaisant de détende et de lourdeur ...

Votre corps s'alourdit, de plus en plus ...

Chacun de vos bras devient lourd comme du plomb ... Sentez vos bras lourds et immobiles... attirés vers le sol, de plus en plus...

Vous êtes tout à fait calme, détendu ...

Vous descendez de plus en plus profondément dans ce merveilleux sentiment de bien-être et de détente ...

Tout votre corps est lourd comme du plomb ...

Vous êtes de plus en plus détendu, de plus en plus ...

[Pause 5 secondes]

Maintenant, vous êtes maintenant dans un état d'hypnose profonde, entièrement détendu, ouvert et réceptif...

À partir de cet instant, toutes les images de votre scène s'inscrivent dans votre subconscient ...

Sentez une paix profonde ...

Toutes les images... les sensations... les sentiments positifs s'installent définitivement dans votre subconscient...

Chaque image de votre scène s'imprime dans votre esprit... renforçant la santé et l'équilibre de votre prostate...

Imaginez cette énergie curative dégagée par votre visualisation ciblant spécifiquement l'inflammation, réduisant le gonflement et apportant un confort immédiat...

Avec chaque respiration... votre corps répond... s'alignant sur cet état de santé... Cette image de vous-même, sain et vigoureux... devient votre réalité intérieure... et chaque cellule de votre corps travaille en harmonie pour réaliser cette vision... Vous sentez que ce changement est déjà en cours... et votre confiance en votre capacité à guérir s'accroît de plus en plus.

Séance de magnétisme

Praticien : "*Doucement, alors que vous êtes dans cet état profondément réceptif, je commence la séance de magnétisme. Je vais maintenant effectuer des passes d'assainissement pour libérer votre prostate des énergies nocives et stagnantes.*"

1. Passes d'assainissement :

Praticien : "*Je réalise des passes de ratissage, enlevant doucement les énergies qui n'ont plus leur place ici...*
Je commence maintenant à travailler sur la zone de votre prostate, avec l'intention d'apaiser et d'éliminer toute sensation de brûlure...
Imaginez que mes mains attirent doucement la chaleur hors de cette zone...
Laissant derrière une sensation de fraîcheur et de soulagement...
Maintenant, je délimite la zone autour de votre prostate...
Je crée une barrière protectrice se formant, empêchant toute sensation de chaleur ou de brûlure de s'étendre ou de s'intensifier...
Cette barrière agit comme un bouclier...
Confinant et réduisant progressivement tout inconfort vous apportant une sensation d'aise et de fraîcheur dans cette région...
Maintenant, j'effectue des passes d'extraction, libérant et éloignant toutes les énergies indésirables de l'ensemble de votre corps. Sentez ces énergies s'évanouir, laissant votre corps ainsi que votre prostate purifiés et renouvelés."

2. Renforcement du système immunitaire :

"*Je poursuis par des passes de magnétisme pour renforcer votre système immunitaire...*
Concentrons-nous d'abord sur le thymus, le cœur de votre immunité, le fortifiant avec une énergie positive et guérissante...
Je dirige maintenant l'énergie vers votre système lymphatique, renforçant

ses défenses... [diffusez de l'énergie à partir de la citerne de Chyle].

Ensuite, je me focalise sur la rate, la vitalisant et augmentant sa capacité à combattre les infections... Maintenant, j'apporte une attention particulière à votre foie, le régénérant pour qu'il contribue efficacement à la purification de votre corps."

3.Activation de l'intelligence universelle individualisée :

"Votre subconscient en harmonie et en relation avec l'intelligence universelle, invoque maintenant l'intelligence universelle individualisée...

Votre subconscient lui demande de produire un remède spécifique et adapté à votre personne, afin de lutter efficacement contre toute infection bactérienne...

Sentez cette intelligence œuvrer en vous, créant une réponse sur mesure pour votre bien-être..."

Pause 1 à deux minutes

Début du retour d'hypnose :

Praticien : *"Maintenant que notre séance de magnétisme touche à sa fin, il est temps de revenir doucement à votre état de conscience habituel."*

1. Prise de conscience du corps et de l'environnement :

"Commencez par prendre conscience de votre corps...Sentez la surface sur laquelle vous êtes allongé ou assis... Prenez conscience des sons autour de vous, de l'air sur votre peau... Tout en restant détendu, commencez à bouger légèrement vos doigts et vos orteils."

2. Retour à une respiration normale :

" À chaque inspiration, sentez l'énergie revenir dans votre corps... Avec chaque expiration, laissez s'échapper les derniers résidus de tension."

3. Réveil progressif :

"Je vais maintenant compter de un à cinq, et avec chaque nombre, vous vous sentirez de plus en plus éveillé et alerte...] Un, sentez votre énergie circuler... Deux, votre esprit devient plus clair, plus alerte... Trois, vous vous sentez rafraîchi et reposé... Quatre, ouvrez doucement vos yeux, en vous sentant complètement détendu et à l'aise... Cinq, vous êtes maintenant pleinement éveillé, conscient de votre environnement, en vous sentant calme, reposé et en pleine forme."

4. Moment de transition :

"Prenez un moment pour vous acclimater à votre environnement ...Ne vous levez pas trop vite... Laissez votre corps et votre esprit s'ajuster à ce retour à la pleine conscience."

Praticien : *"Comment vous sentez-vous maintenant après notre séance ?"*

Patient : *"Je me sens plus détendu, la sensation de brûlure semble avoir diminué."*

Praticien : *"C'est une excellente nouvelle. Votre corps et votre esprit ont répondu positivement au traitement. Il est important de rester attentif à ces sensations de bien-être et de soulagement."*

Patient : *"Oui, je me sens vraiment mieux. C'est comme si une charge avait été levée."*

Praticien : *"Gardez cette sensation avec vous. Et rappelez-vous, la visualisation que vous avez pratiquée aujourd'hui est un outil puissant que vous pouvez utiliser à tout moment. Si jamais vous ressentez à nouveau de l'inconfort, je vous encourage à fermer les yeux, à respirer profondément, et à vous replonger dans cette scène de nature paisible que vous avez créée. Visualisez-vous en bonne santé, libre de toute douleur, exactement comme vous l'avez fait aujourd'hui."*

Patient : *"Je vais certainement essayer cela. Ça semble être une bonne méthode pour gérer les symptômes par moi-même."*

Praticien : *"Absolument. Chaque fois que vous pratiquez cette visualisation, vous renforcez l'effet positif sur votre corps et votre esprit. C'est comme si vous entraîniez votre subconscient à favoriser la guérison et le bien-être. N'hésitez pas à l'utiliser aussi souvent que nécessaire."*

Cette séance d'Hypno-Magnétisme-Intégrative, ainsi que ce dialogue final permet de renforcer le sentiment d'auto-efficacité du patient, lui donnant des outils pour gérer de manière autonome ses sensations physiques, tout en consolidant le travail effectué pendant la séance.

Synthèse des étapes de la consultation en Hypno-Magnétisme-Intégrative : (H.M.I)

Étapes de la Consultation	Descriptions
Dialogue de type maïeutique	Le praticien pose des questions ouvertes pour amener le patient à exprimer son état, ses émotions et ses symptômes, favorisant ainsi l'auto-réflexion et l'établissement d'un bilan.
Technique de la visualisation	Le praticien guide le patient à utiliser son imagination pour créer des images mentales claires et positives, visant à promouvoir la guérison et réduire le stress.
Transition vers l'hypnose	Le praticien utilise la relaxation et la respiration pour préparer le patient à l'hypnose, le rendant plus réceptif et ouvert.
Hypnose	Le praticien guide le patient dans un état d'hypnose profonde, utilisant des techniques de relaxation et de suggestion pour approfondir la détente et favoriser la guérison.
Séance de magnétisme	Le praticien effectue des passes magnétiques pour purifier et renforcer le corps, notamment en assainissant la prostate et en stimulant le système immunitaire.
Retour d'hypnose	Le praticien aide le patient à revenir progressivement à son état de conscience habituel, en prenant conscience de son corps et de son environnement.

Chapitre 18
L'hypothyroïdie

Le trouble hormonal le plus récurent est l'hypothyroïdie, qui se caractérise par une diminution de la production d'hormones thyroïdiennes. Cette condition peut entraîner des symptômes tels que la fatigue, la prise de poids, la dépression, le ralentissement du rythme cardiaque et la sensibilité au froid.

L'hypothyroïdie peut être causée par plusieurs facteurs, comme une maladie auto-immune, une carence en iode, une chirurgie ou un traitement médicamenteux. Le diagnostic se fait par une prise de sang qui mesure le taux de TSH (hormone stimulant la thyroïde).

Avertissement : l'hypothyroïdie, une affection sérieuse, nécessite une gestion médicale rigoureuse. Il est primordial que les professionnels de santé ne prennent en charge que les patients ayant déjà un diagnostic confirmé par un médecin. La prescription de produits non approuvés (compléments alimentaires) doit être évitée, car ils pourraient interagir de manière défavorable avec les traitements médicaux existants. Une collaboration étroite avec le médecin traitant est essentielle pour assurer une prise en charge sécuritaire et efficace de l'hypothyroïdie.

Début de la consultation.
Dialogue de type maïeutique.

Praticien : *bonjour, je suis ravi de vous rencontrer aujourd'hui. Pouvez-vous me confirmer que vous êtes suivi par un médecin pour votre hypothyroïdie ?*

Effet recherché : cette question vise à s'assurer que le patient reçoit déjà un suivi médical approprié, ce qui est essentiel avant d'entamer toute démarche complémentaire.

Patient : *oui, je suis suivi par un endocrinologue.*

Résultat obtenu : le patient confirme qu'il est suivi médicalement, ce qui permet au praticien de poursuivre le dialogue en toute sécurité.

Praticien : *quelles sont vos sensations actuelles par rapport à votre hypothyroïdie ?*

Effet recherché : cette question aide le patient à s'exprimer sur son état actuel et à prendre conscience de ses ressentis.

Patient : *je me sens souvent fatigué et parfois déprimé.*

Résultat obtenu : le patient partage ses symptômes, permettant au praticien de mieux comprendre son état émotionnel et physique.

Praticien : *comment cette fatigue influence-t-elle votre quotidien ?*

Effet recherché : amener le patient à réfléchir sur l'impact concret de sa condition sur sa vie de tous les jours.

Patient : *cela m'empêche de faire certaines activités que j'aimais.*

Résultat obtenu : le patient reconnaît l'impact négatif de l'hypothyroïdie sur ses activités, ce qui est un pas important dans la prise de conscience.

Praticien : *qu'aimeriez-vous pouvoir faire que vous ne faites plus actuellement ?*

Effet recherché : encourager le patient à envisager des objectifs positifs et réalisables.

Patient : *j'aimerais reprendre la randonnée et la natation.*

Résultat obtenu : le patient identifie deux objectifs concrets, ce qui est essentiel pour la motivation et la mise en place d'un plan d'action.

Praticien : *comment vous sentiriez-vous en reprenant ces activités ?*

Effet recherché : aider le patient à visualiser les bénéfices émotionnels de la réalisation de son objectif.

Patient : *je pense que je me sentirais plus heureux et plus énergique.*

Résultat obtenu : le patient commence à associer des émotions positives à l'atteinte de son objectif, ce qui renforce sa motivation.

Praticien : *quels sont les obstacles que vous percevez à la reprise de ces activités ?*

Effet recherché : identifier les barrières potentielles et les défis à surmonter.

Patient : *ma fatigue et ma peur de ne pas être à la hauteur.*

Résultat obtenu : le patient exprime ses craintes et obstacles, permettant au praticien de travailler dessus.

Praticien : *quelle serait la première étape pour surmonter ces obstacles ?*

Effet recherché : Encourager le patient à penser en termes de petites étapes réalisables.

Patient : *peut-être commencer par de courtes promenades.*

Résultat obtenu : Le patient propose une action concrète et mesurée, montrant sa volonté d'avancer.

Praticien : *comment pourriez-vous intégrer ces promenades dans votre quotidien ?*

Effet recherché : aider le patient à planifier concrètement l'intégration de l'activité dans son quotidien.

Patient : *je pourrais essayer d'aller marcher tous les matins, en faire une routine.*

Résultat obtenu : le patient commence à établir un plan d'action, un pas important vers le changement.

Praticien : *qu'est-ce qui pourrait vous aider à maintenir cette routine ?*

Effet recherché : identifier les ressources et les soutiens nécessaires pour la pérennité de l'activité.

Patient : *mettre une alarme et demander à un ami de m'accompagner.*

Résultat obtenu : le patient reconnaît des stratégies et un soutien social pour maintenir sa motivation.

Praticien : *comment vous sentez-vous à l'idée de mettre en place ces changements ?*

Effet recherché : évaluer l'état émotionnel du patient face à son plan d'action.

Patient : *un peu anxieux, mais aussi impatient.*

Résultat obtenu : le patient exprime des émotions mixtes, indiquant une prise de conscience et une ouverture au changement.

Praticien : *quels pourraient être les bénéfices à long terme de ces changements ?*

Effet recherché : amener le patient à réfléchir aux impacts positifs durables de ses actions.

Patient : *je pense que je serais en meilleure forme et plus heureux.*

Résultat obtenu : le patient envisage des bénéfices futurs, renforçant ainsi sa motivation.

Praticien : *comment pourrions-nous suivre vos progrès ?*

Effet recherché : établir un plan de suivi pour mesurer les avancées et ajuster le plan si nécessaire.

Patient : *je pourrais tenir un journal de mes promenades et de mes sensations.*

Résultat obtenu : le patient propose une méthode de suivi, ce qui est important pour évaluer l'efficacité du plan. [*S'il ne le propose pas, le praticien peut lui suggérer.*]

Praticien : *que ressentez-vous en parlant de ces changements en ce moment ?*

Effet recherché : aider le patient à prendre conscience de ses émotions actuelles et à les valider.

Patient : *je me sens plus confiant et déterminé.*

Résultat obtenu : Le patient exprime des sentiments positifs, signe d'un engagement accru envers son plan de santé.

Praticien : *quel soutien supplémentaire pourriez-vous utiliser pour vous aider dans ce processus ?*

Effet recherché : encourager le patient à identifier des ressources supplémentaires pour son soutien.

Patient : *peut-être parler avec d'autres personnes qui ont la même pathologie.*

Résultat obtenu : le patient identifie le besoin de soutien communautaire, ce qui peut augmenter sa résilience et son sentiment d'appartenance.

Transition vers la visualisation

Praticien : *maintenant nous allons aborder le concept de visualisation, permettez-moi de vous expliquer un peu plus ce que cela implique. La visualisation est une technique puissante où vous créez mentalement des images ou une scène, comme un film. Elle sert à renforcer des pensées et des émotions positives. Un aspect particulièrement efficace est la "futurisation positive", où vous imaginez un avenir souhaité, créant ainsi un état d'esprit positif et orienté vers les solutions. Cela peut être particulièrement utile pour visualiser la guérison de votre hypothyroïdie et la réduction du stress. Avez-vous des questions à ce sujet ?*

Patient : *non, ça semble clair. J'aimerais essayer.*

Praticien : *parfait. Je vous invite maintenant à fermer les yeux et à créer une scène positive, telle que vous la désirez, avec vos propres images. Imaginez un scénario où vous vous sentez totalement libéré de l'hypothyroïdie, où votre corps est en pleine santé et votre esprit est serein. Prenez votre temps.*

[Le praticien observe attentivement le patient. Après un moment, un sourire apparaît sur les lèvres du patient, son visage se détend et son buste se redresse.]

Praticien : *je vois un changement dans votre expression. Pouvez-vous me partager les détails de ce que vous vivez dans cette scène ? Quels sentiments et émotions cette visualisation éveille-t-elle en vous ?*

Patient : *dans ma scène, je me vois en train de faire une longue randonnée sans me sentir fatigué. Je ressens une énergie incroyable et un sentiment de liberté. Je me sens heureux, en bonne santé, et incroyablement vivant.*

Praticien : *excellent, continuez à vous immerger totalement dans cette scène. Ressentez chaque détail, chaque émotion, chaque sensation. Laissez ces images et ces sentiments imprégner votre esprit. C'est un excellent travail pour renforcer les effets positifs et bienfaisants de cette visualisation.*

Passage à l'hypnose courte

Praticien : *alors que vous êtes immergé dans cette visualisation positive, je vais doucement vous guider vers une séance d'hypnose. Cette approche va nous aider à ancrer profondément les résultats obtenus par la visualisation.*
L'hypnose est douce et respecte votre propre expérience, renforçant les bienfaits de la relaxation et de la visualisation positive que nous avons commencé.
Elle permet de transformer ces expériences en une force intérieure puissante...
Commencez par prendre conscience de votre corps, de sa présence et de son contact avec le support sur lequel vous êtes assis ou allongé...

Praticien : *maintenant, concentrez-vous sur votre respiration... Sentez l'air entrer lors de l'inspiration... et la libération qui accompagne chaque expiration... Chaque souffle vous aide à vous détendre davantage...*

Praticien : *ressentez la détente s'installer dans vos pieds... Imaginez cette relaxation se propager doucement, montant graduellement vers vos chevilles... vos mollets... vos genoux. Laissez cette sensation agréable gagner votre bassin... votre ventre... votre poitrine...*

Praticien : *sentez maintenant cette détente dans votre dos... s'étendre jusqu'à vos épaules... se diffuser dans vos bras... vos mains...*

Praticien : *votre visage se relaxe... votre tête aussi se détend... vous vous libérez de toute tension.*

Praticien : *votre corps entier devient de plus en plus lourd, signe de cette détente profonde.*

Praticien : *vos paupières s'alourdissent, c'est le signe d'une relaxation intense.*

Praticien : *pendant que vous êtes dans cet état de détente profonde... je vais utiliser les images et les mots que vous avez choisis lors de notre visualisation... Imaginez la scène de la randonnée... votre corps plein d'énergie et de santé... Ressentez cette force intérieure qui vous anime.*

Praticien : *cette image devient maintenant une énergie puissante qui se diffuse dans toutes vos cellules... Chaque cellule de votre corps vibre avec cette force positive... créant un fourmillement agréable dans chacune des parties de votre corps...*

Praticien : *restez quelques secondes dans cet état profond, imprégné de cette formidable force.*

Praticien : *alors que vous êtes dans cette puissante énergie de réussite... je vous laisse quelques instants pour vous imprégner de cette force... Prenez ce temps pour ancrer cette sensation, cette énergie... dans votre esprit et votre corps...*

Ce processus d'hypnose vise à renforcer et ancrer les expériences positives de la visualisation, en utilisant une relaxation profonde et une suggestion hypnotique pour encourager un sentiment de bien-être, de santé et de vitalité. Cela aide le patient à intégrer ces sensations et ces images à un niveau subconscient, augmentant ainsi leur effet positif sur son état de santé global.

Transition vers le magnétisme

Praticien : *alors que vous êtes dans cet état réceptif, je commence maintenant la séance de magnétisme. Vous n'avez rien à faire, juste à vous laisser aller et à recevoir.*

[Le praticien parle doucement, sa voix est apaisante et rassurante.]

Praticien : *je commence par effectuer des passes d'assainissement autour de la zone de votre thyroïde... Ces mouvements visent à désencombrer votre thyroïde des énergies pathogènes et perturbées... Imaginez que chaque passe que je fais aide à rétablir une harmonie énergétique et purifie cette zone ainsi que la thyroïde...*

[Le praticien effectue des mouvements doux et fluides avec ses mains, sans toucher le patient, semblant "ratisser" l'air au-dessus de la thyroïde.]

Praticien : *maintenant, je poursuis avec des passes de magnétisme... travaillant non seulement sur votre thyroïde... mais également sur chaque glande de votre système endocrinien... et sur votre système limbique dans son intégralité… Ces mouvements aident à harmoniser et à équilibrer l'ensemble de votre système endocrinien…*

[Le praticien continue ses mouvements de mains, se concentrant sur différents points du corps du patient, en particulier autour de la tête et du cou.]

Praticien : *pendant ce processus, je vous invite à demander à votre subconscient, qui est l'interface avec votre intelligence individualisée et votre conscience objective… de solliciter un remède spécifique et adapté pour soigner votre thyroïde…Votre intelligence individualisée a une capacité incroyable et peut contribuer à votre guérison… Faites-lui confiance pour travailler avec votre corps et élaborer ce dont il a besoin…*

[Le praticien maintient une présence calme et rassurante, permettant au patient de se sentir en sécurité et soutenu dans le processus.]

Cette approche combine la relaxation profonde et la suggestion hypnotique avec des techniques de magnétisme, dans le but de favoriser un état de bien-être global et de stimuler les capacités naturelles de guérison du corps. En travaillant sur les plans physique, émotionnel et énergétique, le praticien vise à aider le patient à trouver un équilibre et une harmonie intérieure, contribuant ainsi à une meilleure gestion de sa condition.

Ce tableau fournit une vue d'ensemble claire et organisée des informations clés concernant l'hypothyroïdie, depuis sa définition et ses causes jusqu'aux différentes méthodes de traitement et de soutien, y compris la visualisation, l'hypnose et le magnétisme.

Aspect	Description
Définition de l'Hypothyroïdie	Trouble hormonal caractérisé par une diminution de la production d'hormones thyroïdiennes, entraînant fatigue, prise de poids, dépression, ralentissement du rythme cardiaque, sensibilité au froid.
Causes de l'Hypothyroïdie	Peut être causée par une maladie auto-immune, une carence en iode, une chirurgie, ou un traitement médicamenteux.
Diagnostic de l'Hypothyroïdie	Se fait par une prise de sang mesurant le taux de TSH (hormone stimulant la thyroïde).
Gestion Médicale	Nécessite une gestion médicale rigoureuse, éviter la prescription de produits non approuvés, et nécessite une collaboration étroite avec le médecin traitant.
Consultation et Dialogue Maïeutique	Début de la consultation avec questions maïeutiques visant à amener le patient à réfléchir sur son état, ses objectifs, et les moyens de les atteindre.
Effet de la Visualisation et 'Futurisation Positive'	Technique où le patient crée des images positives, utilisée pour renforcer des pensées et émotions positives et imaginer un avenir souhaité.

Aspect	Description
Séance d'Hypnose	Utilise la relaxation profonde et la suggestion hypnotique pour encourager un sentiment de bien-être, de santé et de vitalité, ancrant les expériences positives.
Séance de Magnétisme	Utilise des techniques d'assainissement énergétique et de magnétisme pour favoriser un état de bien-être et stimuler les capacités naturelles de guérison.

Chapitre 19
Douleurs chroniques

La douleur chronique, affectant significativement la qualité de vie et pouvant parfois conduire à la dépression, est caractérisée par une persistance d'au moins trois mois. Les types les plus courants de douleurs chroniques sont, par ordre de fréquence :

1. Céphalées primaires, incluant les migraines, qui sont souvent récurrentes et peuvent être sévères.

2. Lombalgies et lombo-radiculalgies, affectant le bas du dos, souvent liées à des problèmes de posture ou à l'usure. La lombo-radiculalgie est une douleur ressentie au niveau du bas du dos qui descend dans la jambe.

3. Douleurs neuropathiques, résultant de lésions nerveuses et se manifestant par des sensations de brûlure ou de picotement.

4. Douleurs arthrosiques, liées à la détérioration des articulations, fréquentes avec l'âge.

5. Douleurs musculo-squelettiques, englobant diverses affections des muscles et des os.

Céphalée, début de séance
Dialogue avec le patient

Praticien : *bonjour, je vois que vous venez pour parler de vos céphalées primaires. Êtes-vous déjà suivi par un médecin pour cette maladie ?* S'assurer de la prise en charge médicale du patient et établir un cadre sécurisant.

Patient : *oui, je suis suivi par un neurologue.*

Confirmation d'un suivi médical approprié, permettant de poursuivre le dialogue.

Praticien : à *quelle fréquence observez-vous vos céphalées ?*

Amener le patient à réfléchir sur la régularité et la fréquence de ses maux de tête, ce qui aide à la prise de conscience de leur impact sur sa vie quotidienne.

Patient : *elles surviennent environ deux fois par semaine.*

Le patient prend conscience de la fréquence, ce qui peut l'aider à identifier des facteurs déclenchants.

Praticien : *comment décririez-vous l'intensité de ces céphalées sur une échelle de 1 à 10 ?*

Évaluer le niveau de douleur perçu par le patient, favorisant une meilleure compréhension de son vécu.

Patient : *généralement autour de 6 ou 7.*

Le patient quantifie sa douleur, ce qui aide à évaluer son impact sur la qualité de vie.

Praticien : *avez-vous remarqué des facteurs déclenchants spécifiques ?*

Inciter le patient à identifier des éléments ou des circonstances pouvant provoquer les céphalées.

Patient : *je pense que le stress est un déclencheur.*

Identification d'un facteur déclenchant potentiel, utile pour des stratégies de gestion.

Praticien : *comment gérez-vous votre stress au quotidien ?*

Encourager le patient à réfléchir sur ses méthodes actuelles de gestion du stress, pour identifier des points d'amélioration.

Patient : *je ne fais pas grand-chose, à vrai dire.*

Prise de conscience du patient sur le manque de stratégies de gestion du stress.

Praticien : *pensez-vous qu'il pourrait être utile d'explorer des techniques de relaxation ou de gestion du stress ?*

Amener le patient à envisager des méthodes alternatives pour gérer son stress, un facteur déclenchant potentiel de ses céphalées.

Patient : *oui, ça pourrait être une bonne idée.*

Ouverture du patient à l'exploration de nouvelles stratégies pour gérer son stress.

Praticien : *lors d'une crise de céphalée, comment réagissez-vous habituellement ?*

Comprendre les réactions et les comportements du patient face à la douleur pour mieux l'accompagner dans la gestion de celle-ci.

Patient : *je prends des analgésiques et j'essaie de me reposer.*

Connaissance des méthodes actuelles du patient pour gérer la douleur.

Praticien : *comment évaluez-vous l'efficacité de ces méthodes ?*

Amener le patient à réfléchir sur l'efficacité de ses stratégies actuelles, permettant de discuter d'alternatives si nécessaire.

Patient : *elles aident, mais pas toujours suffisamment.*

Reconnaissance par le patient des limites de ses méthodes actuelles.

Praticien : *avez-vous déjà envisagé ou essayé d'autres formes de traitement ou de soulagement ?*

Encourager le patient à réfléchir à des approches alternatives et à être ouvert à de nouvelles possibilités de traitement.

Patient : *non, je n'y ai pas vraiment pensé.*

Prise de conscience du patient sur la nécessité d'explorer d'autres options de traitement.

Praticien : *en dehors des céphalées, comment qualifieriez-vous votre qualité de vie générale ?*

Évaluer l'impact global des céphalées sur la vie du patient, au-delà de la douleur physique.

Patient : *ça va, mais les céphalées rendent certains jours difficiles.*

Prise de conscience de l'impact des céphalées sur le bien-être général.

Praticien : *que pourriez-vous faire pour améliorer votre qualité de vie, en tenant compte de vos céphalées ?*

Encourager le patient à réfléchir activement à des solutions personnelles pour améliorer son bien-être malgré ses céphalées.

Patient : *peut-être, essayer de gérer mon stress et trouver de meilleures méthodes de relaxation.*

Le patient commence à identifier des actions concrètes pour améliorer sa situation.

Ce dialogue maïeutique, par sa nature approfondie et réfléchie, offre au patient l'opportunité d'une introspection significative concernant ses expériences et réactions personnelles. Parallèlement, il fournit au praticien une base solide pour personnaliser sa stratégie thérapeutique, en adéquation avec les besoins spécifiques et les réponses du patient. Cette interaction favorise ainsi une compréhension mutuelle plus profonde et une prise en charge plus ciblée et efficace.

Visualisation

Praticien : *maintenant, j'aimerais vous proposer une technique appelée la visualisation. Cette méthode consiste à utiliser votre imagination pour créer mentalement des scènes ou des situations. L'objectif est d'encourager la guérison, la relaxation, et de réduire le stress. Que pensez-vous de l'idée d'imaginer une scène où vous vous voyez en bonne santé, libre de toute douleur liée à vos céphalées ?*

But recherché : présenter la visualisation comme outil de relaxation et de guérison, et encourager le patient à envisager un avenir positif.

Patient : *cela semble intéressant, mais je ne suis pas sûr de savoir comment faire.*

Résultat obtenu : le patient exprime son intérêt, mais aussi une incertitude, indiquant une ouverture à la méthode, mais aussi un besoin de guidage.

Praticien : *c'est tout à fait normal. Laissez votre esprit libre de créer une scène positive, comme il le désire, sans pression ni attente précise. Imaginez un environnement où vous vous sentez complètement détendu et en paix.*

But recherché : encourager le patient à utiliser son imagination de manière libre et créative, en le guidant vers une scène relaxante.

Patient : (le patient ferme les yeux et commence à visualiser. Après un moment, un sourire apparaît sur ses lèvres et son visage se détend.)

Résultat obtenu : le patient s'engage dans l'exercice de visualisation et montre des signes physiques de relaxation et de bien-être.

Praticien : *je vois un changement dans votre expression ainsi que dans votre posture. Pouvez-vous me décrire ce que vous vivez dans cette scène ? Quels sont les sentiments et émotions que cette visualisation éveille en vous ?*

But recherché : inviter le patient à verbaliser son expérience de visualisation pour renforcer la connexion entre l'exercice et ses émotions positives.

Patient : *dans ma scène, je suis au bord de la mer. Les vagues s'échouent doucement sur le sable et le son est apaisant. Je me sens léger, libéré de toute douleur. L'air marin est frais et revigorant, et je ressens une profonde sensation de paix et de sérénité.*

Résultat obtenu : le patient décrit une scène apaisante et exprime des sentiments de légèreté et de paix, indiquant une réponse émotionnelle positive à l'exercice de visualisation.

Praticien : *excellent… Continuez à vous immerger totalement dans cette scène… Sentez cette paix et cette sérénité s'intensifier… Laissez cette sensation positive imprégner chaque partie de votre corps et de votre esprit… accentuant les effets positifs et bienfaisants de cette expérience…*

But recherché : encourager le patient à approfondir son expérience de visualisation et à intensifier les sensations positives qu'elle génère.

La visualisation, associée à un dialogue à la fois doux et respectueux de l'espace personnel, facilite une introspection profonde et significative chez le patient. Ce processus, loin d'être intrusif, encourage la personne à explorer et à expérimenter personnellement les bénéfices de la visualisation pour sa santé et son bien-être global. Cette approche délicate et empathique permet non seulement de découvrir de nouvelles perspectives intérieures, mais aussi de renforcer la conscience de soi, contribuant ainsi à un état de sérénité et d'équilibre.

Transition vers la séance d'hypnose

Praticien : alors que vous êtes immergé dans cette visualisation positive, nous allons doucement effectuer une transition vers une séance d'hypnose. Cette méthode va nous aider à ancrer les résultats obtenus grâce à la visualisation. L'hypnose est un état de relaxation profonde où votre esprit devient plus réceptif aux suggestions positives, renforçant ainsi le processus de guérison et de bien-être…

Praticien : *je vous invite maintenant à prendre conscience des parties de votre corps en contact avec le support sur lequel vous êtes… Sentez cette connexion et la stabilité qu'elle vous apporte…*

Praticien : *portez maintenant attention à votre respiration. Inspirez profondément, et à chaque expiration, laissez s'échapper toute tension ou stress.*

Praticien : *commencez par sentir une détente dans vos pieds… laissez cette sensation se propager lentement vers le haut… vers vos chevilles… vos mollets, vos genoux…*

Praticien : *puis vers votre bassin… votre ventre… sentez votre poitrine se détendre à chaque respiration…*

Praticien : *votre dos se relâche… vos épaules se décontractent… la détente se diffuse dans vos bras, vos mains…*

Praticien : *laissez cette sensation atteindre votre tête… détendant chaque muscle de votre visage…*

Praticien : *sentez maintenant une sensation de lourdeur s'installer dans votre corps… comme si chaque partie devenait plus lourde… plus détendue…*

Praticien : *vos paupières sont lourdes… très lourdes… comme si elles voulaient rester fermées…*

Praticien : *chaque partie de votre corps commence à ressentir une sensation d'engourdissement agréable… vous plongeant encore plus profondément dans la relaxation…*

Praticien : *à présent, les images et les mots que vous avez utilisés lors de votre visualisation deviennent de plus en plus présents… cette visualisation devient de plus en plus puissante… Laissez ces éléments renforcer votre expérience… les ancrant profondément dans votre esprit…*

Praticien : *ces images et ces phrases se transforment en une force… en une énergie puissante qui se diffuse dans toutes vos cellules… créant un fourmillement agréable dans chaque partie de votre corps…*

Praticien : *profitez de ces instants dans cet état profond… absorbant cette énergie puissante de bien-être et de guérison…*

Praticien : *alors que vous êtes dans cette puissante énergie de guérison et de bien-être… je vous laisse quelques instants pour vous imprégner de cette formidable force…*

Cette séance d'hypnose permet au patient de renforcer les effets positifs de la visualisation, en utilisant une relaxation profonde et des suggestions pour ancrer les sensations de bien-être et de guérison dans son esprit. Cela crée une expérience intégrée et puissante pour le patient, lui permettant de puiser dans ses ressources internes pour améliorer son état de santé et de bien-être.

Transition vers la séance de magnétisme

Praticien : *alors que vous êtes dans cet état réceptif, je commence la séance de magnétisme... Vous restez dans cette relaxation profonde... où votre corps et votre esprit sont parfaitement détendus et ouverts à recevoir les bienfaits de cette séance...*

[Le praticien commence à effectuer des passes d'assainissement.]

Praticien à voix basse : *en ce moment, je réalise des passes d'assainissement pour dégager les énergies liées à vos céphalées... Ces mouvements de ratissage et d'extraction aident à libérer toute tension ou déséquilibre énergétique présent dans votre tête ainsi que dans votre corps...*

[Le praticien poursuit avec des passes de magnétisme autour de la tête.]

Praticien : *je continue maintenant avec des passes de magnétisme autour de votre tête... Ces gestes apportent une énergie apaisante et curative, agissant directement sur les zones affectées par vos céphalées.*

[Le praticien parle doucement au patient.]

Praticien : *je vous invite maintenant à demander à votre subconscient, qui est l'interface avec votre intelligence individualisée, de solliciter son aide. Demandez-lui d'élaborer un remède spécifique et adapté, capable de soigner vos céphalées. Votre subconscient possède une sagesse profonde et peut vous aider dans ce processus de guérison.*

[Le praticien continue ses gestes de magnétisme sur l'ensemble du corps, tout en laissant le patient absorber ses paroles et travailler intérieurement.]

Cette séance de magnétisme, réalisée avec une transition fluide et attentive, est conçue pour approfondir l'état de réceptivité et de réceptivité du patient. Elle facilite l'activation de ses ressources intérieures, essentielles à son processus de guérison. Les techniques d'assainissement et de magnétisme appliquées ici sont méticuleusement ciblées sur les zones concernées, fournissant un soulagement direct et efficace. Parallèlement, l'invitation faite au patient de dialoguer avec son subconscient ouvre une porte vers une guérison plus profonde, entièrement adaptée à ses besoins personnels, favorisant un bien-être holistique et durable.

Après une pause de vingt secondes :

Le praticien : *à présent, il est temps de vous préparer pour le retour à votre état de conscience habituel… Je vais compter lentement jusqu'à 5, et à chaque chiffre, vous reprendrez peu à peu conscience de votre corps et de votre environnement…*

Praticien : 1… *sentez doucement votre conscience revenir, tout en gardant avec vous la paix et la détente que vous avez ressenties.*

Praticien : 2… *prenez conscience de votre respiration, de son rythme naturel et apaisant.*

Praticien : 3… *ressentez la présence de votre corps, son poids sur le support, la température de la pièce.*

Praticien : 4… *commencez à bouger légèrement, peut-être en remuant vos doigts ou vos orteils, en redécouvrant chaque partie de votre corps.*

Praticien : et 5… *ouvrez doucement les yeux, prenez un moment pour vous orienter dans l'espace… Prenez tout le temps dont vous avez besoin. La séance est maintenant terminée. Vous pouvez vous lever quand vous vous sentirez prêt, en gardant avec vous le calme et la sérénité que vous avez expérimentés.*

Conseils post-séance et recommandations de bien-être

Praticien : *la séance touche à sa fin. Comment vous sentez-vous après ces différentes techniques que nous avons explorées aujourd'hui ?*

Objectif : évaluer l'état actuel du patient et l'efficacité des techniques utilisées pendant la séance.

Patient : *je me sens étonnamment détendu et apaisé. C'est une sensation que je n'ai pas ressentie depuis longtemps.*

Bénéfice : le patient ressent un soulagement significatif et une détente profonde, indiquant l'efficacité des techniques de relaxation, de visualisation et de magnétisme.

Praticien : *c'est une excellente nouvelle. Je vous encourage à intégrer des techniques de visualisation et de relaxation dans votre quotidien. Ces méthodes peuvent vous aider à gérer vos céphalées et à améliorer votre bien-être général.*

Objectif : Encourager le patient à pratiquer régulièrement les techniques apprises pour un bénéfice à long terme et une autonomie dans la gestion de sa santé.

Patient : *comment pourrais-je faire cela chez moi ?*

Bénéfice : le patient montre un intérêt à appliquer les techniques apprises, indiquant une volonté d'auto-gestion et d'amélioration de son bien-être.

Praticien : *commencez par choisir un moment calme de la journée, peut-être le matin ou le soir, pour pratiquer la visualisation. Trouvez un endroit confortable, asseyez-vous ou allongez-vous, fermez les yeux et imaginez une scène qui vous apporte la paix et la sérénité, comme celle que nous avons explorée aujourd'hui.*

Objectif : fournir des instructions claires et réalisables pour aider le patient à intégrer la visualisation dans sa routine quotidienne.

Patient : *et pour la relaxation ?*

Bénéfice : le patient cherche à approfondir sa compréhension et à élargir ses techniques de gestion du stress et des céphalées.

Praticien : *pour la relaxation, concentrez-vous sur votre respiration. Respirez profondément, en remplissant vos poumons d'air, puis expirez lentement. Visualisez le stress et la tension quitter votre corps à chaque expiration. Vous pouvez également pratiquer des étirements, des exercices doux, qui sont d'excellentes manières de détendre votre corps.*

Objectif : offrir des stratégies concrètes et variées pour la relaxation, permettant au patient de choisir celle qui lui convient le mieux.

Patient : *je vais essayer de faire ça. Merci pour vos conseils.*

Bénéfice : le patient exprime sa volonté d'appliquer les conseils, montrant son engagement envers son processus de guérison et de bien-être.

Praticien : *c'est un plaisir. N'oubliez pas que la régularité est la clé. Plus vous intégrerez ces pratiques dans votre quotidien, plus elles seront efficaces. Et bien sûr, si vos céphalées persistent ou s'intensifient, n'hésitez pas à consulter votre médecin.*

Objectif : renforcer l'importance de la pratique régulière et rappeler au patient de rester attentif à sa santé globale.

Patient : *je le ferai. Merci encore pour cette séance.*

Bénéfice : le patient reconnaît la valeur de la séance et se montre reconnaissant, ce qui peut augmenter sa motivation à poursuivre les pratiques recommandées.

Praticien : *vous êtes le bienvenu. Prenez soin de vous et n'hésitez pas à me contacter si vous avez besoin de plus de conseils ou d'une autre séance.*

Objectif : assurer un soutien continu et encourager le patient à chercher de l'aide si nécessaire, renforçant ainsi la relation de confiance entre le praticien et le patient.

Ce dialogue entre le praticien et le patient illustre une conclusion efficace de la séance, avec des objectifs clairs visant à améliorer le bien-être du patient et des bénéfices concrets reflétant l'impact positif de la séance sur le patient.

Ce tableau offre une vue d'ensemble structurée des différentes étapes de la séance, soulignant l'approche progressive et holistique adoptée pour traiter les céphalées du patient.

Étapes de la séance	Description
Début de séance - Dialogue avec le patient	Le praticien évalue la condition médicale du patient, discute de la fréquence et de l'intensité des céphalées, et explore les facteurs déclenchants et les méthodes de gestion actuelles du patient.
Visualisation	Le patient est guidé à travers une séance de visualisation pour encourager la guérison et la relaxation. Le patient exprime son intérêt et participe activement à l'exercice.
Transition vers la séance d'hypnose	Le patient est guidé dans une séance d'hypnose axée sur l'ancrage des résultats de la visualisation et l'intensification de la relaxation et du bien-être.
Transition vers la séance de magnétisme	La séance de magnétisme est centrée sur l'approfondissement de la réceptivité du patient. Le praticien utilise des techniques d'assainissement et encourage le patient à solliciter l'aide de son subconscient pour la guérison.
Conseils post-séance et recommandations de bien-être	Le praticien offre des conseils sur l'intégration de la visualisation et des techniques de relaxation dans le quotidien du patient. Le patient manifeste son intention d'appliquer ces conseils et exprime sa gratitude.

Chapitre 20
Douleur neuropathique

La douleur neuropathique est une douleur qui résulte d'une lésion ou d'un dysfonctionnement des nerfs, du cerveau ou de la moelle épinière. Elle peut avoir plusieurs causes, comme le diabète, le zona, la compression nerveuse ou une intervention chirurgicale. Elle se manifeste souvent par des sensations de brûlure, de picotement ou d'hypersensibilité au toucher ou au froid. Elle peut être difficile à traiter et nécessite une prise en charge adaptée.

Début de séance, communication de type maïeutique axée patient.

Praticien : *bonjour, comment allez-vous ? avant de commencer, pouvez-vous me confirmer que vous êtes suivi par un médecin pour votre douleur neuropathique ?*

But recherché : vérifier la prise en charge médicale pour assurer une approche complémentaire sécuritaire.

Patient : *oui, je suis suivi par un neurologue.*

Résultat obtenu : confirmation de suivi médical.

Informations pour le praticien : le patient a un parcours de soins établi, ce qui permet d'orienter la conversation vers un accompagnement complémentaire.

Praticien : *pouvez-vous me décrire votre douleur ?*

But recherché : comprendre la perception personnelle de la douleur du patient.

Patient : *c'est une sensation de brûlure constante dans ma jambe.*

Résultat obtenu : description précise de la douleur.

Informations pour le praticien : indication sur la nature et l'intensité de la douleur, utile pour l'accompagnement psychologique.

Praticien : *cette sensation affecte-t-elle certaines activités plus que d'autres ?*

But recherché : identifier les activités spécifiques aggravant la douleur.

Patient : *oui, surtout quand je marche longtemps.*

Résultat obtenu : lien entre activité physique et augmentation de la douleur.

Informations pour le praticien : *connaissance des limites physiques du patient, importante pour les conseils d'adaptation.*

Praticien : *comment gérez-vous ces moments ?*

But recherché : découvrir les stratégies actuelles de gestion de la douleur.

Patient : *je prends des pauses plus souvent.*

Résultat obtenu : utilisation de pauses comme stratégie de gestion.

Informations pour le praticien : prise de conscience par le patient de l'importance de l'autogestion, base pour d'autres stratégies.

Praticien : parlez-vous facilement de votre douleur avec vos proches ?

But recherché : évaluer le soutien social et la communication autour de la personne.

Patient : *pas vraiment, je ne veux pas les inquiéter.*

Résultat obtenu : réserve dans le partage de l'expérience de la douleur.

Informations pour le praticien : compréhension des barrières émotionnelles affectant la communication du patient.

Praticien : *quels sont vos ressentis lorsque vous parlez de votre douleur ?*

But recherché : explorer les émotions liées à l'expression de la douleur.

Patient : *je me sens vulnérable et gêné.*

Résultat obtenu : *identification de sentiments de vulnérabilité et de gêne.*

Informations pour le praticien : éclairage sur les émotions entravant la communication ouverte sur la douleur.

Praticien : *avez-vous observé des moments où votre douleur semble diminuer ?*

But recherché : reconnaître les conditions sous lesquelles la douleur est atténuée.

Patient : *oui, quand je suis distrait ou relaxé.*

Résultat obtenu : diminution de la douleur lors de la distraction ou de la relaxation.

Informations pour le praticien : pistes pour des stratégies de gestion de la douleur basées sur la distraction ou la relaxation.

Praticien : *que faites-vous pour vous détendre ?*

But recherché : identifier les activités de détente efficaces pour le patient.

Patient : *j'écoute de la musique ou je lis.*

Résultat obtenu : identification de la musique et de la lecture comme moyens de détente.

Informations pour le praticien : connaissance des intérêts personnels pouvant être intégrés dans un plan de gestion de la douleur.

Praticien : *la douleur influence-t-elle votre humeur au quotidien ?*

But recherché : comprendre l'impact émotionnel de la douleur sur la vie quotidienne.

Patient : *je me sens souvent irrité et fatigué.*

Résultat obtenu : impact négatif de la douleur sur l'humeur et l'énergie.

Informations pour le praticien : indicateurs de l'effet psychologique de la douleur sur le quotidien.

Praticien : *cette irritation et cette fatigue affectent-elles vos relations ?*

But recherché : explorer l'impact de la douleur sur les interactions sociales.

Patient : *oui, parfois je suis moins patient avec ma famille.*

Résultat obtenu : répercussions sociales de la douleur.

Informations pour le praticien : compréhension des défis relationnels liés à la douleur, important pour l'accompagnement en communication.

Praticien : *que pourriez-vous faire pour atténuer cette irritation ?*

But recherché : encourager le patient à réfléchir à des stratégies pour gérer ses réactions émotionnelles.

Patient : *peut-être prendre du temps pour moi, pour me calmer.*

Résultat obtenu : reconnaissance de l'importance de l'autosoins.

Informations pour le praticien : sensibilisation du patient à l'autogestion émotionnelle, essentielle pour le bien-être.

Praticien : *comment évaluez-vous l'efficacité de votre traitement actuel ?*

But recherché : juger de la satisfaction du patient envers son traitement médical.

Patient : *il est assez efficace, mais il y a des jours où ça ne suffit pas.*

Résultat obtenu : évaluation nuancée de l'efficacité du traitement.

Informations pour le praticien : connaissance des limites du traitement actuel, utile pour discuter de compléments.

Praticien : *avez-vous déjà essayé des méthodes complémentaires, comme la relaxation ou la méditation ?*

But recherché : explorer l'intérêt du patient pour des approches complémentaires.

Patient : *non, mais ça pourrait m'intéresser.*

Résultat obtenu : ouverture à de nouvelles méthodes de gestion de la douleur.

Informations pour le praticien : possibilité d'intégrer de nouvelles pratiques dans le plan de soins.

Praticien : *qu'aimeriez-vous faire dès aujourd'hui pour améliorer votre gestion de la douleur ?*

But recherché : encourager le patient à se fixer des objectifs réalisables à court terme.

Patient : *je pourrais essayer de méditer quelques minutes chaque jour.*

Résultat obtenu : engagement à essayer une nouvelle stratégie.

Informations pour le praticien : volonté du patient d'expérimenter et d'adopter des approches actives pour la gestion de la douleur.

L'effet recherché par ce dialogue est de faire prendre conscience au patient de ses ressources, de ses capacités, de sa valeur. Le praticien utilise des questions ouvertes, positives, orientées vers les solutions, qui amènent le patient à réfléchir, à s'exprimer, à se projeter. Le praticien reformule, synthétise, valide les propos du patient. Il encourage, soutient, valorise le patient. Il crée un climat de confiance, de respect, d'empathie avec le patient.

Visualisation

Praticien : *nous allons maintenant passer à la visualisation. C'est une méthode qui consiste à utiliser votre imagination pour créer des images mentales qui vous aident à vous détendre et à soulager votre douleur. C'est comme si vous regardiez un film dans votre tête, mais vous en êtes* le réalisateur. Cette technique est aussi employée pour créer une situation présente avec une projection dans le futur, ce qu'on appelle la "futurisation positive". Cela vous permet de vous projeter dans un état de bien-être et de guérison, et de renforcer votre confiance en vous. Est-ce que cela vous semble clair ?

Patient : *oui, je crois que je comprends le principe.*

Praticien : *très bien. Alors, je vous invite à fermer les yeux, à respirer calmement et à vous détendre. Que pensez-vous si je vous propose d'imaginer une scène où vous êtes dans un endroit qui vous plaît, qui vous apporte du calme et de la sérénité ?*

Patient : *d'accord, je veux bien essayer.*

Praticien : *parfait. Alors, laissez votre esprit vagabonder et choisissez un lieu qui vous inspire. Peut-être un paysage naturel, une pièce de votre maison, un souvenir agréable… Ce qui compte, c'est que ce soit un endroit où vous vous sentez bien, en sécurité et en harmonie avec vous-même.*

Patient : *je pense à la plage où je vais souvent me promener avec mon chien. C'est un endroit que j'aime beaucoup, où je me sens libre et heureux.*

Praticien : *très bien. Alors, peut-être pouvez-vous imaginez que vous êtes sur cette plage… que vous sentez le sable sous vos pieds… la brise sur votre visage… le soleil sur votre peau… vous entendez le bruit des vagues… le chant des mouettes… Vous respirez l'air marin… peut-être, pouvez-vous goûtez le sel sur vos lèvres… et que vous humez les odeurs de la mer… Vous êtes accompagné de votre chien… qui court joyeusement autour de vous… Imaginez que vous lui lancez un bâton… qu'il va le chercher et qu'il vous le rapporte… vous lui caressez la tête… qu'il vous regarde avec amour.*

Praticien : *comment vous sentez-vous dans cette scène ?*

Patient : *je me sens très bien. Je me sens détendu, apaisé, heureux. Je n'ai plus mal au pied, je n'y pense même plus. Je me sens vivant, plein d'énergie, optimiste.*

Praticien : *excellent. Continuez à vivre cette scène dans votre esprit, comme si elle était réelle. Immergez-vous totalement dans cette expérience sensorielle et émotionnelle. Laissez-vous envahir par les sensations de bien-être et de guérison qui émanent de cette scène. Sentez que votre corps se régénère, que votre esprit se libère.*

Transition vers la séance d'hypnose

Praticien : *alors que vous êtes immergé dans cette visualisation positive, je vais vous accompagner dans un état de relaxation profonde grâce à l'hypnose. Cette méthode va vous permettre de renforcer le résultat que vous avez obtenu par la visualisation, en ancrant dans votre inconscient les ressources dont vous avez besoin pour réussir. L'hypnose est un état naturel de conscience modifiée, dans lequel vous restez maître de vous-même et de vos choix. Vous allez simplement vous laisser guider par ma voix et profiter de ce moment de détente et de bien-être.*

Praticien : *je vais commencer par vous inviter à prendre conscience des parties de votre corps qui sont en contact avec le support sur lequel vous êtes installé… Peut-être sentez-vous la pression du fauteuil ou du matelas sous votre dos, sous vos jambes… sous votre tête… Prenez le temps de ressentir ces sensations… sans les juger… sans les modifier… simplement en les observant…*

Praticien : *maintenant, je vais vous inviter à porter votre attention sur votre respiration… Observez comment l'air entre et sort de vos* poumons... sans forcer, sans changer le rythme... Remarquez comme chaque inspiration vous apporte de l'oxygène... de l'énergie... de la vitalité... Et comme chaque expiration vous libère des stress... des tensions... des soucis... Laissez votre respiration se faire naturellement... en harmonie avec votre corps et votre esprit...

Praticien : *à présent, je vais vous proposer de relâcher progressivement toutes les parties de votre corps, en commençant par les pieds et en remontant jusqu'à la tête... Vous allez sentir une agréable sensation de détente qui va se diffuser dans tout votre être... Je vais compter lentement de dix à zéro, et à chaque chiffre, vous allez relâcher une partie de votre corps...*

Praticien : *dix... détendez vos pieds... laissez-les s'enfoncer dans le support... comme s'ils étaient enveloppés d'un nuage doux et moelleux...*

Praticien : *neuf... détendez vos mollets... vos genoux... vos cuisses... Sentez comme ils deviennent lourds et souples...*

Praticien : *huit... détendez votre bassin... votre ventre... votre poitrine...Sentez comme ils se relâchent et s'apaisent... comme s'ils étaient bercés par une vague douce et régulière...*

Praticien : *sept... détendez votre dos, du bas jusqu'au haut... Sentez comme il se détend... comme il devient souple...*

Praticien : *six... détendez vos épaules... vos bras, vos mains... Sentez comme ils se relâchent... comme sous l'effet d'un massage relaxant...*

Praticien : *cinq... détendez votre cou... votre visage... votre tête... Sentez comme ils deviennent libres et paisibles... comme s'ils étaient massés par une main douce et bienveillante...*

Praticien : *quatre... vous êtes maintenant complètement détendu... du sommet de la tête jusqu'au bout des pieds... Vous ressentez une agréable sensation de bien-être qui envahit tout votre corps. Vous êtes calme et serein...*

Praticien : *trois... vos paupières sont lourdes... très lourdes... Vous avez envie de fermer les yeux, si ce n'est pas déjà fait... Laissez-vous aller à cette envie agréable... gardez les yeux clos et plongez dans un état de relaxation profonde...*

Praticien : *deux... vous sentez un engourdissement qui s'installe dans tout votre corps... Comme si vous étiez enveloppé d'un cocon doux et chaud qui vous protège de tout... Vous êtes en sécurité, vous êtes bien...*

Praticien : *un... vous êtes maintenant dans un état de relaxation total, dans lequel vous êtes réceptif à mes suggestions positives... Je vais vous aider à ancrer le résultat que vous avez obtenu par la visualisation... en utilisant les mots et les images que vous avez employés lors du dialogue et de la visualisation...*

Praticien : *je vais vous demander de vous remémorer la scène que vous avez visualisée... Rappelez-vous les détails de cette scène... les couleurs, les sons... les odeurs... les sensations... Rappelez-vous ce que vous avez ressenti... peut-être de la joie... de la fierté... de la confiance... Rappelez-vous ce que vous vous êtes dit... les mots positifs et encourageants que vous avez prononcés...*

Praticien : *maintenant, cette scène se transforme en une force... en une énergie puissante qui va se diffuser dans toutes les cellules de votre corps... Imaginez que cette scène est comme un soleil qui brille en vous... qui rayonne de lumière et de chaleur... Imaginez que cette lumière et cette chaleur se propagent dans tout votre corps... en partant du cœur et en allant vers les extrémités... Sentez comme cette énergie vous remplit de force... de courage... de motivation... Sentez comme cette énergie vous donne confiance en vous… en vos capacités, en vos ressources. Sentez comme cette énergie vous rend heureux, optimiste, enthousiaste… et comment elle efface les douleurs…*

Praticien : *sentez cette énergie circuler librement dans tout votre corps… créant un fourmillement agréable… dans chacune des parties de votre corps… Sentez comme ce fourmillement vous stimule…sentez comme il efface les douleurs… comme il vous revitalise. Sentez comme ce fourmillement renforce votre volonté… votre détermination… votre engagement… Sentez comme ce fourmillement amplifie votre plaisir d'être sans douleur… votre satisfaction… votre gratitude…*

Praticien : *alors que vous êtes dans cette puissante énergie de réussite et de bien être… je vais vous laisser quelques instants pour vous imprégner de cette formidable force… Profitez de ce moment pour savourer ces sensations positives… pour écouter ces messages positifs… pour visualiser ces images positives… sentez votre corps libre et sans douleurs…*

Passage en douceur vers la séance de magnétisme

Après avoir guidé le patient dans une séance de visualisation et d'hypnose, le praticien entame la séance de magnétisme en douceur. Il lui explique à voix basse ce qu'il va faire et pourquoi.

Je commence maintenant la séance de magnétisme. Vous êtes dans un état de réceptivité qui favorise le transfert d'énergie.

1- J'effectue d'abord des passes d'assainissement pour nettoyer votre champ énergétique des douleurs neuropathiques… Je fais des passes de ratissage pour balayer les énergies perturbées… puis des passes d'extraction pour les retirer de votre corps…

2- Ensuite, je fais des passes de magnétisme afin de stimuler les zones qui sont affectées par les douleurs neuropathiques et les aider à se régénérer.

3- À présent, nous sollicitons votre subconscient… qui est l'interface avec votre intelligence individualisée… Vous pouvez lui demander de créer un remède spécifique et adapté à votre cas… qui va agir sur la cause des douleurs neuropathiques… Vous pouvez lui faire confiance, il sait ce dont vous avez besoin…

Après avoir guidé le patient dans une séance de visualisation et d'hypnose, le praticien entame la séance de magnétisme en douceur. Il lui explique à voix basse ce qu'il va faire et pourquoi.

Je commence maintenant la séance de magnétisme. Vous êtes dans un état de réceptivité qui favorise le transfert d'énergie.

1- J'effectue d'abord des passes d'assainissement pour nettoyer votre champ énergétique des douleurs neuropathiques… Je fais des passes de ratissage pour balayer les énergies perturbées… puis des passes d'extraction pour les retirer de votre corps…

2- Ensuite, je fais des passes de magnétisme afin de stimuler les zones qui sont affectées par les douleurs neuropathiques et les aider à se régénérer.

3- À présent, nous sollicitons votre subconscient… qui est l'interface avec votre intelligence individualisée… Vous pouvez lui demander de créer un remède spécifique et adapté à votre cas… qui va agir sur la cause des douleurs neuropathiques… Vous pouvez lui faire confiance, il sait ce dont vous avez besoin…

Une minute plus tard :

Praticien : *vous avez fait un beau travail pendant cette séance... Vous avez exploré votre inconscient et découvert des ressources précieuses... À présent, vous allez revenir ici et maintenant, en douceur et en sécurité... Je vais compter jusqu'à 5 et à 5 vous ouvrirez les yeux, vous vous sentirez bien, détendu et énergisé... Prêt ? Alors, commençons. Un... Deux... Trois... Quatre... Cinq. Ouvrez les yeux, respirez profondément, étirez-vous et souriez. Voilà, la séance est terminée. Comment vous sentez-vous ?"*

Patient : "*Je me sens incroyablement bien. C'est comme si une grande partie de ma douleur s'était estompée. Je me sens plus léger, plus calme et plus confiant en ma capacité à gérer ma douleur. Je suis surpris de l'effet que cette séance a eu sur moi. Merci pour votre aide.*"

Praticien : "*Je suis ravi de l'entendre. Rappelez-vous que les techniques que nous avons utilisées aujourd'hui sont des outils que vous pouvez continuer à utiliser dans votre vie quotidienne. La visualisation, l'hypnose et le magnétisme sont des moyens puissants pour vous aider à gérer votre douleur et améliorer votre bien-être général. Avez-vous des questions ou des préoccupations suite à cette séance ?*"

Patient : "*Non, je pense que tout est clair pour le moment. Je suis juste heureux d'avoir trouvé quelque chose qui semble vraiment faire une différence pour moi.*"

Praticien : "*Excellent. N'hésitez pas à me contacter si vous avez des questions plus tard. Pour l'instant, concentrez-vous sur les progrès que vous avez réalisés aujourd'hui et sur la manière dont vous pouvez intégrer ces pratiques dans votre vie. Prenez soin de vous.*"

Ce dialogue illustre l'approche holistique et empathique du praticien, visant à encourager l'autonomie du patient et à renforcer son sentiment de bien-être et de contrôle sur sa douleur neuropathique.

Le tableau ci-dessous offre un aperçu clair et structuré des différentes phases du soin, en mettant en lumière les objectifs et méthodes utilisés à chaque étape.

Étape du Soin	Description
Début de séance	Accueil du patient, vérification du suivi médical pour la douleur neuropathique.
Communication maïeutique	Dialogue axé sur la compréhension de la douleur du patient, ses stratégies de gestion, et son environnement social et émotionnel.
Visualisation	Technique de relaxation et de soulagement de la douleur par la création d'images mentales apaisantes.
Hypnose	Guidage vers un état de relaxation profonde pour renforcer les effets positifs de la visualisation et ancrer des ressources dans l'inconscient.
Magnétisme	Séance de transfert d'énergie pour nettoyer le champ énergétique et stimuler les zones affectées par la douleur neuropathique.
Conclusion	Retour à la réalité en douceur, bilan de la séance, et encouragement à utiliser les techniques apprises.

Chapitre 21
Douleurs arthrosiques

Les douleurs arthrosiques sont causées par l'usure du cartilage qui recouvre les extrémités des os au niveau des articulations. Le cartilage permet de réduire les frottements et d'amortir les chocs. Lorsqu'il s'abîme, les os se rapprochent et se frottent, provoquant de l'inflammation, de la douleur et une diminution de la mobilité. Les articulations les plus touchées sont celles des mains, des genoux, des hanches et de la colonne vertébrale.

Début de la séance

Praticien : *bonjour, est-ce que vous êtes d'accord pour que nous échangions ensemble sur votre situation ?*

L'effet recherché est de créer un climat de confiance et d'obtenir le consentement du patient.

Patient : *bonjour, oui, je veux bien essayer.*

Le résultat obtenu est que le patient accepte la démarche et se montre ouvert.

Praticien : *avant de commencer, pouvez-vous me dire si vous êtes suivi par un médecin pour votre douleur arthrosique ?*

L'effet recherché est de vérifier que le patient a un suivi médical adapté et de respecter le rôle du médecin.

Patient : *oui, je vois régulièrement mon médecin traitant qui me prescrit des anti-inflammatoires et des séances de kinésithérapie.*

Le résultat obtenu est que le praticien sait à présent que le patient a un traitement médical approprié et qu'il peut travailler en accompagnement de la médecine officielle.

Praticien : *d'accord, je vous remercie. Et comment vivez-vous au quotidien avec votre douleur arthrosique ?*

L'effet recherché est de laisser le patient exprimer librement son vécu et ses difficultés.

Patient : *eh bien, ce n'est pas facile, je souffre beaucoup, surtout au niveau des genoux et des mains. Je ne peux plus faire certaines activités que j'aimais, comme le jardinage ou la marche. Je me sens limité et frustré.*

Le résultat obtenu est que le patient exprime son ressenti négatif et ses besoins insatisfaits.

Praticien : *je comprends que ce soit difficile pour vous. Qu'est-ce qui vous aide à supporter cette situation ?*

L'effet recherché est de faire émerger les ressources du patient et ses stratégies d'adaptation.

Patient : *eh bien, je me dis que ce n'est pas grave, qu'il y a pire que moi, que je dois faire avec. Je prends mes médicaments et je vais chez le kiné. Je me repose quand j'ai trop mal. Et puis j'essaie de garder le moral, de voir mes amis, ma famille, de m'occuper l'esprit.*

Le résultat obtenu est que le patient identifie ses ressources internes pensées positives et externes soutien social, activités plaisantes.

Praticien : *vous avez déjà trouvé des moyens de faire face à votre douleur arthrosique, c'est très bien. Qu'est-ce qui vous empêche de faire les activités que vous aimiez, comme le jardinage ou la marche ?*

L'effet recherché est de creuser les obstacles et les croyances limitantes du patient.

Patient : *c'est la douleur qui m'en empêche. Quand je fais un effort, je souffre encore plus. Je me dis que c'est mauvais pour mes articulations, que je vais les abîmer davantage. Je préfère éviter de les solliciter.*

Le résultat obtenu est que le patient exprime sa peur de la douleur et sa croyance erronée que l'activité physique est nocive pour ses articulations.

Praticien : *je vois. Et si je vous disais que l'activité physique peut être bénéfique pour votre douleur arthrosique, qu'en penseriez-vous ?*

L'effet recherché est de remettre en question la croyance erronée du patient et de lui apporter une information pertinente.

Patient : *vraiment ? Je pensais que c'était le contraire. Comment ça peut être bénéfique ?*

Le résultat obtenu est que le patient manifeste son étonnement et sa curiosité.

Praticien : *eh bien, l'activité physique permet de renforcer les muscles qui soutiennent les articulations, de lubrifier le cartilage, d'améliorer la circulation sanguine et l'élimination des toxines. Elle permet aussi de libérer des endorphines, des hormones qui réduisent la perception de la douleur et procurent du plaisir. Bien sûr, il faut choisir une activité adaptée à votre état et respecter votre rythme.*

L'effet recherché est d'informer le patient sur les bienfaits de l'activité physique et de lui donner des conseils pratiques.

Patient : *ah, je ne savais pas tout ça. Ça me donne envie d'essayer. Mais quelle activité je pourrais faire ?*

Le résultat obtenu est que le patient se montre intéressé et motivé.

Praticien : *il y a plusieurs activités possibles, comme la natation, le vélo, le yoga, la marche, etc. Quelle activité vous attire le plus ?*

L'effet recherché est de laisser le patient choisir son activité en fonction de ses goûts et de ses possibilités.

Patient : *j'aime bien la natation, je trouve que ça détend. Mais je n'ai pas de piscine près de chez moi.*

Le résultat obtenu est que le patient exprime sa préférence mais aussi une difficulté logistique.

Praticien : *je comprends. Et y a-t-il une autre activité qui vous plairait et qui serait plus facile à pratiquer ?*

L'effet recherché est de chercher une alternative avec le patient.

Patient : *peut-être le vélo. J'en ai un dans mon garage, mais il faudrait que je le répare.*

Le résultat obtenu est que le patient trouve une autre option mais qu'il y a un obstacle matériel.

Praticien : *d'accord. Et comment pourriez-vous faire pour réparer votre vélo ?*

L'effet recherché est de stimuler le patient à trouver des solutions concrètes.

Patient : *je pourrais demander à mon voisin qui s'y connaît. Ou aller chez un réparateur.*

Le résultat obtenu est que le patient propose deux solutions possibles.

Praticien : *très bien. Et qu'est-ce qui vous semble le plus réalisable ?*

L'effet recherché est de favoriser la prise de décision du patient.

Patient : *je pense que demander à mon voisin serait plus simple et moins coûteux.*

Le résultat obtenu est que le patient choisit une solution.

Praticien : *d'accord. Et quand pensez-vous pouvoir demander à votre voisin ?*

L'effet recherché est de fixer un objectif temporel avec le patient.

Patient : *je pourrais lui demander demain, il est souvent chez lui.*

Le résultat obtenu est que le patient se fixe une échéance.

Praticien : *parfait. Et comment vous sentez-vous à l'idée de demander à votre voisin ?*

L'effet recherché est d'évaluer l'état émotionnel du patient.

Patient : *je me sens un peu gêné, je n'aime pas déranger les gens. Mais je me dis que c'est pour mon bien, que ça vaut le coup d'essayer.*

Le résultat obtenu est que le patient exprime son inconfort mais aussi sa motivation.

Praticien : *je comprends votre gêne, mais je vous félicite pour votre motivation. Vous avez fait un grand pas aujourd'hui en envisageant de reprendre une activité physique. Comment vous sentez-vous par rapport à notre échange ?*

L'effet recherché est de renforcer l'estime de soi du patient et de clôturer la séance sur une note positive.

Patient : *je me sens plutôt bien, j'ai l'impression d'avoir avancé, d'avoir trouvé des solutions. Je vous remercie pour votre écoute et vos conseils.*

Le résultat obtenu est que le patient exprime sa satisfaction et sa gratitude.

Visualisation

Praticien : *je vais maintenant vous proposer une technique qui s'appelle la visualisation. Il s'agit d'une méthode qui consiste à utiliser votre imagination pour créer des images mentales positives et agréables, qui peuvent avoir un impact bénéfique sur votre santé et votre bien-être. Cette technique est aussi employée pour créer une situation présente avec une projection dans le futur, ce qu'on appelle la "futurisation positive". Cela vous permet de vous projeter dans un état désiré, où vos douleurs arthrosiques sont soulagées et votre stress est réduit. C'est une façon de mobiliser vos ressources internes et de renforcer votre confiance en vous. Est-ce que vous êtes d'accord pour essayer cette technique avec moi ? Avez-vous des questions avant de commencer ?*

Patient : *je n'ai pas de questions.*

Praticien : *très bien, je vous invite alors à vous installer confortablement dans le fauteuil, à fermer les yeux si vous le souhaitez, et à respirer calmement... Que diriez-vous si je vous proposais d'imaginer une scène qui vous fait du bien, qui vous apporte de la joie, de la sérénité, de la satisfaction ? Une scène où vous vous sentez en pleine forme, sans douleur, sans stress, où vous faites quelque chose que vous aimez, avec des personnes que vous appréciez, ou dans un lieu qui vous inspire. Prenez le temps de créer cette scène dans votre esprit, avec le plus de détails possibles : les couleurs, les sons, les odeurs, les sensations... Laissez-vous aller à cette visualisation, sans jugement, sans censure, sans limite. C'est votre scène, c'est votre moment.*

Praticien : *je vois que vous avez un sourire qui se dessine sur vos lèvres. C'est très bien, cela signifie que vous êtes en train de vivre quelque chose de positif. Pouvez-vous me dire ce que vous voyez dans votre scène ? Qu'est-ce que vous faites ? Avec qui êtes-vous ? Où êtes-vous ? Comment vous sentez-vous ? Quelles sont les émotions et les sentiments que cette visualisation éveille en vous ?*

Patient : *Je me vois dans un jardin magnifique, entouré de fleurs colorées. Je marche sans douleur, et je me sens léger, apaisé.*

Praticien : *qu'est-ce que vous entendez ? Qu'est-ce que vous ressentez dans votre corps ?*

Patient : *j'entends le chant des oiseaux et le murmure du vent dans les arbres. Je me sens détendu, mes douleurs ont disparu.*

Praticien : *je comprends que vous vous sentez apaisé et heureux dans cette scène. C'est normal de ressentir ces émotions positives. Vous n'êtes pas seul, je suis là pour vous écouter et vous accompagner.*

Le praticien écoute attentivement, hochant la tête en signe de compréhension.

Praticien : *si je comprends bien, vous vous sentez revigoré et serein dans ce jardin, il représente un lieu de paix pour vous. Est-ce que c'est cela ?*

Patient : *exactement, je me sens en harmonie avec moi-même et mon environnement.*

Le praticien poursuit : *excellent, continuez, immergez-vous totalement dans cette scène afin d'accentuer les effets positifs et bienfaisants… Sentez comme votre corps se détend, comme votre esprit s'apaise… comme votre cœur se réjouit… Profitez de cette expérience intérieure… qui est un cadeau que vous vous faites à vous-même… Et sachez que cette scène est toujours accessible pour vous… que vous pouvez la retrouver à tout moment… quand vous en avez besoin ou envie… C'est une ressource précieuse que vous avez en vous…*

Transition respectueuse vers la séance d'hypnose

Praticien : *alors que vous êtes immergé dans cette visualisation positive… nous allons doucement passer à une séance d'hypnose. Cette méthode va nous aider à ancrer les résultats positifs obtenus par la visualisation pour soulager vos douleurs arthrosiques. L'hypnose va approfondir votre état de relaxation et de concentration… permettant à votre esprit de travailler plus intensément sur la guérison et le soulagement.*

Le praticien parle d'une voix douce et apaisante... guidant le patient vers une relaxation plus profonde.

Praticien : *prenez conscience des parties de votre corps en contact avec le fauteuil... Sentez leur poids... leur présence...*

Praticien : *maintenant concentrez-vous sur votre respiration. Inspirez profondément... et expirez lentement... libérant toute tension...*

Praticien : *ressentez une détente dans chaque partie de votre corps... Commencez par vos pieds... remontez vers vos jambes... votre bassin... votre ventre... votre poitrine... votre dos... vos épaules... vos bras... jusqu'à votre tête...*

Praticien : *percevez une sensation de lourdeur s'installer dans votre corps... Chaque partie devient plus lourde... plus détendue...*

Praticien : *vos paupières deviennent lourdes... très lourdes. Votre corps entier s'engourdit agréablement...*

Praticien : *maintenant, imaginez cette scène que vous avez visualisée... Imaginez que les images et les mots utilisés se transforment en une force lumineuse blanche... puissante... une énergie qui se diffuse dans toutes vos cellules...*

Praticien : *ressentez un fourmillement agréable dans chaque partie de votre corps... une sensation de guérison et de bien-être...*

Praticien : *restez quelques instants dans cet état profond... imprégnez-vous de cette force intérieure...*

Praticien : *alors que vous êtes dans cette puissante énergie de réussite... prenez quelques instants pour vous imprégner de cette formidable force...*

Trente secondes après : Transition vers la séance de magnétisme

Praticien : *alors que vous êtes dans cet état réceptif, je commence la séance de magnétisme pour vous soulager des douleurs arthrosiques.*

Le praticien commence à effectuer des gestes doux et mesurés au-dessus du corps du patient.

Praticien : *je réalise maintenant des passes d'assainissement… pour dégager les énergies liées à vos douleurs arthrosiques… Ces passes d'assainissement, comme des ratissages et des extractions… vont aider à libérer et à purifier les zones affectées…*

Le praticien poursuit avec des mouvements fluides et concentrés.

Praticien : *je continue avec des passes de magnétisme, en me concentrant sur les zones douloureuses. Ces mouvements vont aider à réduire l'inflammation et à favoriser la guérison.*

Le praticien déplace ses mains lentement au-dessus des zones spécifiques.

Praticien : *je vous invite maintenant à solliciter votre subconscient. C'est l'interface avec votre intelligence individualisée. Demandez-lui de travailler à élaborer un remède spécifique et adapté pour soigner la cause de vos douleurs arthrosiques. Votre esprit a le pouvoir de contribuer à votre guérison.*

Le praticien parle d'une voix apaisante, encourageant le patient à se connecter profondément avec son subconscient.

Il continue la séance en silence, permettant au patient de se concentrer sur l'interaction avec son subconscient et sur l'énergie de guérison générée par le magnétisme.

Praticien : *après cette séance relaxante, il est temps de revenir à la réalité... Vous allez doucement reprendre contact avec votre environnement et votre corps... Je vais vous guider avec un compte à rebours de 5 à 1... A chaque chiffre, vous allez sentir plus de vitalité et de clarté... Quand j'arriverai à 1, vous ouvrirez les yeux et vous serez pleinement éveillé. Prêt ? C'est parti. 5...4...3...2...1. Voilà, vous êtes ici et maintenant, la séance est terminée. Comment vous sentez-vous ?*

Fin de séance

Patient : *je me sens... incroyablement détendu et en même temps plein d'énergie. C'est comme si une grande partie de ma douleur s'était estompée.*

Praticien : *c'est une excellente nouvelle. Il est important de reconnaître ces sensations de bien-être et de les intégrer dans votre quotidien. Comment percevez-vous vos douleurs arthrosiques maintenant ?*

Patient : *elles semblent beaucoup moins intenses. Je ressens une sorte de légèreté, comme si le poids de la douleur avait été allégé.*

Praticien : *cela montre que votre corps et votre esprit ont répondu positivement à la séance. Gardez en mémoire ces sensations de légèreté et de bien-être pour les jours à venir.*

Patient : *oui, je vais certainement le faire. Je me sens plus en paix et confiant en la capacité de mon corps à guérir.*

Praticien : *c'est une attitude très bénéfique. Pensez à pratiquer régulièrement la visualisation et à rester attentif aux messages de votre corps et à effectuer des exercices. Si vous avez besoin de plus de séances ou de conseils, n'hésitez pas à revenir.*

Patient : *merci beaucoup. Je me sens vraiment mieux après cette séance. Je vous recontacterai pour un suivi.*

Tableau récapitulatif de la séance

Étape de la Séance	Description
Début de la séance	Échange initial pour créer un climat de confiance et obtenir le consentement du patient. Vérification du suivi médical et expression des difficultés vécues par le patient.
Visualisation	Technique de visualisation pour créer des images mentales positives, aide à se projeter dans un état désiré sans douleur et stress.
Transition vers l'hypnose	Passage en douceur de la visualisation à l'hypnose pour ancrer les résultats positifs et approfondir l'état de relaxation.
Séance d'hypnose	Guidage du patient dans un état de transe, utilisant des techniques de relaxation profonde et de suggestion positive pour renforcer la guérison.
Transition vers le magnétisme	Transition respectueuse vers la séance de magnétisme, tout en maintenant l'état réceptif du patient.
Séance de magnétisme	Application de techniques de magnétisme pour réduire les douleurs arthrosiques, y compris des passes d'assainissement et de magnétisme, ainsi que la stimulation du subconscient pour la guérison.
Fin de séance	Retour progressif à la réalité, évaluation des sensations de bien-être et des douleurs, et encouragement à intégrer ces sensations dans le quotidien.

Chapitre 22
Lombalgie

La lombalgie, également connue sous le nom de mal de dos lombaire ou de douleur lombaire, est une affection courante qui se caractérise par des douleurs ou des sensations de raideur dans la région inférieure de la colonne vertébrale, appelée la région lombaire. Cette condition peut être aiguë, subaiguë ou chronique, en fonction de sa durée.

Les causes de la lombalgie peuvent être variées, notamment :

1. Blessures ou traumatismes, tels que des entorses musculaires, des hernies discales ou des fractures.

2. Mauvaises postures, le surpoids, ou le manque d'exercice physique.

3. Vieillissement naturel de la colonne vertébrale, entraînant une usure des disques intervertébraux.

4. Conditions médicales sous-jacentes, telles que l'arthrite, l'ostéoporose ou des problèmes de santé générale.

Les symptômes de la lombalgie peuvent varier en intensité et en durée, allant de douleurs légères à des douleurs aiguës et invalidantes. Dans de nombreux cas, la lombalgie s'améliore généralement avec le temps grâce à des soins appropriés, notamment le repos, la physiothérapie, les médicaments contre la douleur, l'exercice et des ajustements de style de vie.

Cependant, il est essentiel de consulter un professionnel de la santé en cas de lombalgie persistante, de douleur intense, de faiblesse musculaire, de douleur irradiant vers les jambes, de troubles urinaires ou de selles, car ces symptômes pourraient indiquer des problèmes plus graves qui nécessitent une attention médicale immédiate. Le traitement de la lombalgie dépend de la cause sous-jacente et de la gravité de la condition.

Début de séance

Praticien : *bonjour, comment allez-vous ?*

Patient : *parfois les douleurs sont insupportables.*

Praticien : *je vais vous accompagner dans un soin qui vise à vous aider à mieux gérer votre lombalgie et, si tout va bien, à atténuer les douleurs. Est-ce que vous êtes suivi par un médecin pour ce problème ?*

Effet recherché : s'assurer que le patient a un diagnostic médical et qu'il n'y a pas de contre-indication à la maïeutique

Patient : *oui, je vois un médecin régulièrement, il m'a prescrit des anti-inflammatoires et des séances de kinésithérapie, mais ça ne suffit pas à soulager ma douleur.*

Résultat obtenu : le patient exprime son insatisfaction par rapport aux traitements médicaux et son besoin d'une autre approche.

Praticien : *je comprends, la lombalgie est une affection complexe qui peut avoir des causes multiples et qui peut affecter votre qualité de vie. Qu'est-ce que vous ressentez comme douleur ?*

Effet recherché : amener le patient à décrire sa douleur de façon précise et à prendre conscience de ses sensations corporelles.

Patient : *c'est une douleur sourde et constante au niveau du bas du dos, qui irradie parfois dans les jambes. Elle s'aggrave quand je reste assis trop longtemps ou quand je fais des efforts. Elle me gêne pour dormir, pour travailler, pour faire les tâches quotidiennes.*

Résultat obtenu : le patient décrit sa douleur en termes de localisation, d'intensité, de fréquence, de facteurs aggravants et de conséquences sur ses activités.

Praticien : *je vois, c'est une douleur qui vous limite beaucoup dans votre vie. Comment vivez-vous cette situation ?*

Effet recherché : amener le patient à exprimer ses émotions et ses pensées liées à sa douleur.

Patient : *je me sens frustré, impuissant, déprimé. J'ai l'impression que ma vie n'a plus de sens, que je ne suis plus utile à personne, que je suis un poids pour mes proches. J'ai peur que ma douleur ne s'arrête jamais, que je devienne invalide, que je perde mon travail.*

Résultat obtenu : le patient exprime ses sentiments négatifs, ses croyances limitantes et ses craintes par rapport à sa douleur.

Praticien : *c'est normal de ressentir ces émotions face à une situation difficile. Mais savez-vous que vos émotions et vos pensées peuvent influencer votre perception de la douleur ?*

Effet recherché : introduire l'idée que la douleur n'est pas seulement une sensation physique, mais aussi une expérience subjective modulée par des facteurs psychologiques.

Patient : *comment ça ?*

Résultat obtenu : le patient manifeste son intérêt et sa curiosité pour cette idée.

Praticien : *la douleur est un signal d'alerte envoyé par le corps au cerveau pour lui indiquer qu'il y a un problème. Mais le cerveau n'est pas un simple récepteur passif, il interprète ce signal en fonction de son contexte, de son vécu, de ses attentes, de ses émotions, etc. Ainsi, la douleur peut être amplifiée ou atténuée par ces facteurs psychologiques.*

Effet recherché : expliquer au patient le mécanisme de la modulation de la douleur par le cerveau.

Patient : *je ne savais pas ça. Donc vous voulez dire que si je change mes émotions et mes pensées, je peux changer ma douleur ?*

Résultat obtenu : le patient comprend le principe de la modulation de la douleur et se montre ouvert à l'idée de changer ses émotions et ses pensées.

Praticien : *exactement. C'est ce que nous allons essayer de faire ensemble. Pour cela, je vais vous poser des questions qui vont vous aider à prendre du recul sur votre situation, à identifier vos ressources et vos solutions, à modifier vos croyances et vos comportements. Êtes-vous prêt à commencer ?*

Effet recherché : présenter au patient l'objectif et la méthode de l'Hypno-Magnétisme-intégrative et obtenir son consentement.

Patient : *oui, je suis prêt.*

Résultat obtenu : *le patient accepte de s'engager dans le soin d'accompagnement.*

Praticien : *très bien. Commençons par la première question : qu'est-ce qui vous fait du bien quand vous avez mal au dos ?*

Effet recherché : amener le patient à identifier ce qui soulage sa douleur et à renforcer son sentiment d'auto-efficacité.

Patient : *eh bien, je dirais que ce qui me fait du bien, c'est de me détendre, de faire des étirements, de me masser, de mettre de la chaleur, de prendre des médicaments, de parler avec mes proches.*

Résultat obtenu : le patient énumère les stratégies qu'il utilise pour gérer sa douleur et qui lui apportent un soulagement.

Praticien : *c'est très bien, vous avez déjà trouvé des moyens efficaces pour réduire votre douleur. Est-ce que vous les utilisez régulièrement ?*

Effet recherché : valoriser les stratégies du patient et l'encourager à les mettre en pratique.

Patient : *pas toujours, parfois je n'y pense pas, parfois je n'ai pas le temps, parfois je n'ai pas envie.*

Résultat obtenu : le patient reconnaît qu'il n'utilise pas toujours ses stratégies et qu'il y a des obstacles à leur mise en œuvre.

Praticien : *je comprends, il n'est pas toujours facile de se motiver à faire quelque chose quand on a mal. Savez-vous que plus vous utilisez ces stratégies, plus vous renforcez le message positif que vous envoyez à votre cerveau, et plus vous diminuez la sensibilité de vos nerfs à la douleur ?*

Effet recherché : expliquer au patient l'intérêt de répéter les stratégies qui soulagent sa douleur et de créer un cercle vertueux entre son corps et son cerveau.

Patient : *non, je ne savais pas ça. Donc vous voulez dire que si je fais plus souvent ce qui me fait du bien, je peux réduire ma douleur sur le long terme ?*

Résultat obtenu : le patient comprend l'intérêt de répéter les stratégies qui soulagent sa douleur et se montre ouvert à l'idée de les faire plus souvent.

Praticien : *exactement. C'est ce que nous allons essayer de faire ensemble. Pour cela, je vais vous aider à planifier vos activités de soulagement et à les intégrer dans votre emploi du temps. Êtes-vous prêt à continuer ?*

Effet recherché : présenter au patient l'objectif et la méthode de la planification des activités de soulagement et obtenir son consentement.

Patient : *oui, je suis prêt.*

Résultat obtenu : le patient accepte de s'engager dans la planification des activités de soulagement.

Visualisation

Praticien : *je vais vous proposer une technique qui s'appelle la visualisation. C'est une méthode qui consiste à utiliser votre imagination pour créer des images mentales qui ont un effet positif sur votre corps et votre esprit. Par exemple, vous pouvez vous imaginer dans un lieu agréable, où vous vous sentez bien, détendu et sans douleur. L'objectif de cette technique est de vous aider à réduire votre stress et vos tensions musculaires, qui sont souvent liés à la lombalgie. C'est aussi une façon de créer une situation présente avec une projection dans le futur, ce qu'on appelle la "futurisation positive". Cela vous permet de vous projeter dans un état désiré, où vous avez atteint vos objectifs de santé et de bien-être. Est-ce que cela vous intéresse ?*

Patient : *Oui, pourquoi pas.*

Praticien : *très bien. Je vous invite à vous installer confortablement sur le fauteuil, à fermer les yeux si vous le souhaitez, et à respirer calmement… Que pensez-vous si je vous propose d'imaginer une scène qui représente pour vous la réduction de votre douleur et de votre stress ? Une scène qui vous fait du bien, qui vous rend heureux, qui vous donne confiance en vous. Vous pouvez choisir le lieu, les personnes, les activités, les sons, les odeurs, les sensations que vous voulez. C'est votre scène, elle n'appartient qu'à vous. Prenez le temps de la construire dans votre esprit, comme si vous y étiez vraiment.*

Patient : *d'accord.*

Praticien : *lorsque vous avez trouvé votre scène, prévenez-moi.*

Patient : *voilà, c'est bon.*

Praticien : *parfait. Maintenant, je vais me taire pendant quelques minutes, et je vais vous laisser profiter pleinement de votre scène. Immergez-vous totalement dans cette expérience positive, et laissez-vous porter par les émotions et les sensations qu'elle éveille en vous. Si des pensées négatives ou parasites viennent perturber votre visualisation, laissez-les passer sans leur accorder d'importance, et revenez à votre scène.*

(Pause) Le praticien observe le patient, lorsque la personne manifeste de légers mouvements de satisfaction : un sourire, le visage qui se détend, le buste qui se redresse…

Praticien : *comment allez-vous ?*

Patient : *très bien.*

Praticien : *pouvez-vous me décrire ce que vous vivez dans votre scène ?*

Patient : *je me vois dans un chalet à la montagne, avec ma famille. On est en train de faire un feu de cheminée, il y a une bonne odeur de bois* et de chocolat chaud. Je me sens bien au chaud, je n'ai pas mal au dos, je suis détendu. Je rigole avec mes enfants, je leur raconte des histoires. Je me sens proche d'eux, je les aime. Je suis fier de moi, je me dis que j'ai réussi à surmonter ma douleur et mon stress. Je suis heureux.

Praticien : *excellent. Continuez à vivre pleinement cette scène, et à ressentir toutes ces émotions positives et bienfaisantes… Vous pouvez aussi vous dire intérieurement des phrases encourageantes ou motivantes… comme "Je suis capable de gérer ma douleur"… "Je suis serein"… "Je suis en bonne santé"… Plus vous renforcez ces messages positifs, plus ils deviennent vrais pour vous.*

Transition vers la séance d'hypnose de type ericksonienne

Praticien : *alors que vous êtes immergé dans cette visualisation positive… pour soulager vos douleurs lombalgiques… je vais vous inviter à porter votre attention sur votre respiration. Respirez profondément et calmement… en laissant votre abdomen se gonfler et se dégonfler à chaque inspiration et expiration… Sentez comme l'air frais entre dans vos poumons et comme l'air chaud sort de votre bouche… Sentez comme votre corps se détend de plus en plus à chaque souffle…*

Praticien : *maintenant, je vais vous demander de compter lentement de dix à zéro… en répétant après moi chaque chiffre. A chaque chiffre… vous allez sentir une vague de relaxation envahir tout votre corps… de la tête aux pieds. Vous allez sentir vos muscles se relâcher… vos tensions se dissiper… votre esprit se calmer… Vous allez entrer dans un état de profonde relaxation… où vous serez à l'écoute de ma voix et de mes suggestions… Commençons ensemble : dix… neuf… huit…*

Praticien : *continuez à compter avec moi mentalement… en sentant cette vague de relaxation vous emporter de plus en plus loin. Sept… six… cinq… quatre… trois… deux… un… zéro. Vous êtes maintenant dans* un état de profonde relaxation... où vous êtes ouvert à tout ce que je vais vous suggérer... Vous êtes dans un état de détente profonde.

Praticien : *dans cet état de relaxation... vous allez pouvoir accéder à vos ressources intérieures... à votre potentiel de guérison... à votre capacité à soulager vos douleurs lombalgiques... Vous allez pouvoir mobiliser votre inconscient... qui sait exactement ce dont vous avez besoin pour aller mieux... Vous allez pouvoir activer le processus naturel d'auto-guérison de votre corps... qui va rétablir l'équilibre et l'harmonie dans votre dos...*

Praticien : *je vais vous proposer une métaphore... une image symbolique... qui va vous aider à soulager vos douleurs lombalgiques... Imaginez que votre dos est comme un jardin fleuri... où poussent des fleurs de toutes les couleurs... Chaque fleur représente une partie de votre dos... une vertèbre... un muscle... un nerf. Chaque fleur est en bonne santé... bien arrosée... bien nourrie... bien exposée au soleil... Chaque fleur rayonne de beauté et de vitalité...*

Praticien : *maintenant... imaginez qu'il y a une fleur qui est fanée... qui est desséchée... qui est flétrie. Cette fleur représente la partie de votre dos qui est douloureuse... qui est contractée... qui est inflammée. Cette fleur a besoin de soins particuliers... de plus d'eau... de plus de nutriments... de plus de lumière. Cette fleur a besoin de votre attention et de votre amour...*

Praticien : *je vais vous inviter à vous approcher de cette fleur fanée... et à lui parler avec bienveillance... Dites-lui que vous êtes là pour elle... que vous voulez l'aider à aller mieux... que vous lui souhaitez le meilleur... Dites-lui que vous lui envoyez toute votre énergie positive... toute votre compassion... toute votre gratitude... Dites-lui que vous lui faites confiance pour retrouver sa splendeur et sa vigueur...*

Praticien : *ensuite... je vais vous inviter à arroser cette fleur fanée avec une eau spéciale... une eau magique... une eau qui a le pouvoir de guérir toutes les blessures. Cette eau est composée de toutes les sensations agréables que vous pouvez ressentir dans votre corps : la chaleur... la douceur... la légèreté... la fluidité... Cette eau est aussi composée de toutes les émotions positives que vous pouvez éprouver dans votre cœur : la joie... la paix... la sérénité... l'amour... Cette eau est aussi composée de toutes les pensées positives que vous pouvez avoir dans votre esprit : la confiance... l'espoir... l'optimisme... la gratitude...*

Praticien : *versez cette eau sur la fleur fanée avec générosité et délicatesse... Sentez comme cette eau pénètre dans la fleur... comme elle la nourrit... comme elle la réhydrate... comme elle la répare. Sentez comme cette eau apaise la douleur... comme elle réduit l'inflammation... comme elle relâche la tension... Sentez comme cette eau restaure la fonction... comme elle renforce la structure... comme elle améliore la mobilité...*

Praticien : *enfin... je vais vous inviter à illuminer cette fleur fanée avec une lumière spéciale... une lumière magique... une lumière qui a le pouvoir de régénérer toutes les cellules... Cette lumière est composée de toutes les couleurs de l'arc-en-ciel... qui représentent les différentes fréquences vibratoires de l'énergie vitale... Cette lumière est aussi composée de tous les sons harmonieux que vous pouvez entendre dans la nature : le chant des oiseaux... le bruissement des feuilles... le clapotis de l'eau... Cette lumière est aussi composée de tous les mots bienveillants que vous pouvez recevoir ou prononcer : le merci... le pardon... le compliment... l'encouragement...*

Praticien : *projetez cette lumière sur la fleur fanée avec intensité et douceur... Sentez comme cette lumière pénètre dans la fleur... comme elle la revitalise... comme elle la régénère... comme elle la transforme... Sentez comme cette lumière stimule la guérison... comme elle accélère le processus... comme elle optimise le résultat. Sentez comme cette lumière embellit la fleur... comme elle lui redonne sa couleur... sa forme... son parfum.*

Praticien : *observez maintenant le changement qui s'est opéré dans votre jardin fleuri... Regardez comme la fleur fanée est devenue une fleur épanouie... une fleur magnifique... une fleur rayonnante... Regardez comme votre dos est devenu un dos harmonieux... un dos confortable... un dos souple... Regardez comme vous êtes devenu un être heureux... un être serein... un être en bonne santé.*

Praticien : *félicitez-vous pour ce travail que vous avez accompli avec votre inconscient... Remerciez-vous pour cette séance d'hypnose que vous vous êtes offerte... Remerciez votre inconscient pour son aide précieuse et sa sagesse infinie... Remerciez votre corps pour sa capacité à se guérir lui-même... Remerciez la vie pour ce cadeau merveilleux...*

Transit vers la séance de magnétisme

Praticien : "*Alors que vous êtes confortablement installé et dans un état réceptif, je vais commencer la séance de magnétisme pour soulager vos douleurs lombaires. Restez détendu et ouvert à l'expérience.*"

1. Purification des énergies :

Praticien (tout en effectuant des passes d'assainissement) : "*Je commence par des passes d'assainissement pour nettoyer l'énergie autour de vos lombaires... Ces mouvements, que j'appelle ratissages et extractions... vont aider à dégager les blocages énergétiques... et préparer votre corps à recevoir le magnétisme plus efficacement...*"

2. Passes de magnétisme ciblées :

Praticien (en se concentrant sur les zones douloureuses) : "*Maintenant, je me focalise spécifiquement sur les régions douloureuses* de votre dos... Vous pourriez sentir une sensation de chaleur ou de picotement... c'est tout à fait normal. C'est l'énergie qui circule et travaille à apaiser vos douleurs..."

3. Suggestion au subconscient :

Praticien (d'une voix douce et rassurante) : "*Je vous invite maintenant à vous adresser intérieurement à votre subconscient... Imaginez que vous pouvez lui demander de trouver un remède adapté à la cause de vos douleurs lombaires... Votre subconscient est un allié puissant dans votre guérison... Laissez-lui un peu de temps pour élaborer la solution idéale pour vous...*"

Sortie de séance

Praticien : *je vais maintenant vous ramener à votre état de conscience habituel... en comptant de un à cinq. À chaque chiffre... vous allez revenir progressivement à la réalité extérieure... en gardant en mémoire tout ce que vous avez vécu et appris pendant cette séance d'hypnose. Vous allez vous sentir bien dans votre corps et dans votre esprit... plein d'énergie et de vitalité. Commençons ensemble : un... deux... trois... quatre... cinq. Ouvrez les yeux et souriez.*

Fin de consultation

Praticien : "*Nous avons terminé la séance. Prenez un moment pour vous reconnecter avec votre environnement. Comment vous sentez-vous maintenant, notamment au niveau de votre dos ?*"

Patient : "*Je me sens plutôt détendu. La douleur lombaire semble s'être apaisée, c'est comme une sensation de légèreté dans cette zone.*"

Praticien : "*C'est une excellente nouvelle. Avez-vous ressenti des changements spécifiques pendant la séance ?*"

Patient : "*Oui, il y avait une sorte de chaleur, surtout quand vous avez concentré votre travail sur les zones douloureuses. Ça a été très apaisant.*"

Praticien : "*Ces sensations sont des signes que l'énergie travaillait dans les zones nécessaires. Rappelez-vous que les effets du magnétisme peuvent continuer à se manifester dans les heures ou les jours suivants. Est-ce que vous avez des questions ou des préoccupations que vous souhaitez partager ?*"

Patient : "*Non, pas pour le moment. Je me sens juste plus léger et moins tendu.*"

Praticien : "*Parfait. Je vous recommande de rester à l'écoute de votre corps et de noter toute évolution de votre état dans les prochains jours. Il est important de maintenir un état de détente pour maximiser les bénéfices de la séance. Si vous avez des questions ou si vous ressentez le besoin d'une autre séance, n'hésitez pas à me contacter.*"

Patient : "*Je vous remercie. Je vous tiendrai informé de mon état.*"

Praticien : "*Avec plaisir. Prenez soin de vous et reposez-vous bien. N'oubliez pas que votre participation active dans ce processus est essentielle à votre bien-être.*"

Durant la séance de magnétisme, il est essentiel pour le praticien d'interroger sa main témoin, une technique développée par le docteur Carpenter, pour obtenir des indications précises sur l'efficacité et la pertinence de ses interventions, ainsi que sur les résultats obtenus. Cette méthode lui permet d'ajuster finement sa pratique en temps réel, assurant ainsi une approche plus personnalisée et efficace pour le bien-être du patient.

Chapitre 23
Les troubles du sommeil

Praticien : *bonjour, comment allez-vous aujourd'hui ?*

Patient : *bonjour, je vais bien, merci.*

Praticien : *je vais vous poser des questions pour comprendre les raisons de votre trouble du sommeil. Est-ce que cela vous convient ?*

L'effet recherché est de présenter le cadre de l'entretien et de demander le consentement du patient.

Patient : *bonjour, oui, je veux bien. Je n'en peux plus de mal dormir.*

Le résultat obtenu est que le patient accepte la démarche et exprime son besoin.

Praticien : *d'accord, merci de votre confiance. Avant de commencer, je voudrais savoir si vous êtes suivi par un médecin pour vos troubles du sommeil.*

On vérifie si le patient a un suivi médical approprié.

Patient : *oui, je vois un médecin généraliste qui m'a prescrit des somnifères, mais je n'aime pas trop en prendre.*

Le patient a bien un traitement médicamenteux, mais il n'en est pas satisfait.

Praticien : *je comprends. Qu'est-ce qui vous déplaît précisément dans les somnifères ?*

L'effet recherché est de creuser le ressenti du patient sur son traitement.

Patient : *eh bien, je trouve que ça me rend groggy le matin, et puis j'ai peur de devenir dépendant.*

Le patient exprime ses craintes et ses effets secondaires.

Praticien : *c'est vrai que les somnifères peuvent avoir des effets indésirables. Qu'est-ce que vous attendez d'un bon sommeil ?*

L'effet recherché est de faire émerger les attentes du patient sur son objectif.

Patient : *je voudrais me sentir reposé, avoir de l'énergie, être plus concentré et plus serein.*

Le patient formule des critères positifs pour son sommeil.

Praticien : *ce sont des critères importants pour votre bien-être. Quand avez-vous eu ce genre de sommeil pour la dernière fois ?*

L'effet recherché est de faire remonter un souvenir positif chez le patient.

Patient : *hmm, ça fait longtemps... Peut-être il y a quelques mois, quand j'étais en vacances.*

Le résultat obtenu est que le patient se rappelle d'une situation favorable à son sommeil.

Praticien : *qu'est-ce qui était différent pendant ces vacances ?*

On lui fait identifier les facteurs favorables au sommeil.

Patient : *j'étais plus détendu, je n'avais pas de contraintes horaires, je faisais des activités qui me plaisaient...*

Le résultat obtenu est que le patient énumère des éléments de détente et de plaisir.

Praticien : *je vois. Qu'est-ce qui vous empêche d'être détendu et de faire des activités qui vous plaisent en ce moment ?*

L'effet recherché est de faire prendre conscience des obstacles au sommeil.

Patient : *oh, il y a plein de choses... Le travail, la famille, les soucis financiers...*

Le patient reconnaît ses sources de stress.

Praticien : *comment gérez-vous ces sources de stress ?*

On lui fait évaluer ses stratégies face au stress.

Patient : *pas très bien... Je rumine beaucoup, je me couche tard, je regarde la télé ou mon téléphone pour me changer les idées...*

Le résultat obtenu est que le patient admet ses comportements défavorables au sommeil.

Praticien : *qu'est-ce qui vous empêche de moins ruminer, de vous coucher plus tôt, ou de limiter l'exposition aux écrans avant de dormir ?*

L'effet recherché est de faire questionner les freins au changement du patient.

Patient : *je ne sais pas... C'est plus fort que moi, j'ai du mal à lâcher prise, à me déconnecter...*

Le patient exprime sa difficulté à changer ses habitudes.

Praticien : *qu'est-ce qui pourrait vous aider à lâcher prise et à vous déconnecter ?*

L'effet recherché est de faire explorer les ressources du patient pour le changement.

Patient : *peut-être faire de la relaxation, de la méditation, de la lecture...*

Le résultat obtenu est que le patient propose des activités propices au sommeil.

Praticien : *ce sont de bonnes idées. Qu'est-ce qui vous motive à les mettre en pratique ?*

L'effet recherché est de renforcer la motivation du patient.

Patient : *je pense que ça me ferait du bien, que ça m'aiderait à mieux dormir et à me sentir mieux.*

Le patient exprime les bénéfices attendus du changement.

Praticien : *je suis d'accord avec vous. Qu'est-ce qui vous empêche de commencer dès ce soir ?*

On favorise ainsi le passage à l'action du patient.

Patient : *rien, en fait. Je pourrais essayer.*

Le patient se montre prêt à changer.

Praticien : *très bien. Quelle activité allez-vous choisir ?*

L'effet recherché est de faire préciser le plan d'action du patient.

Patient : *je vais essayer de me relaxer avant de me coucher.*

Le patient se fixe alors un objectif concret.

Praticien : *c'est une bonne décision. Comment pensez-vous procéder ?*

L'effet recherché est de faire détailler les modalités du plan d'action.

Patient : *je vais chercher une séance de relaxation sur internet, et je vais la faire dans ma chambre, avec une lumière tamisée et une musique douce.*

Le patient se donne des moyens adaptés et cherche en lui des ressources immédiatement applicables.

Praticien : *parfait. Comment allez-vous évaluer les effets de cette activité sur votre sommeil ?*

On lui permet d'anticiper l'évaluation du plan d'action.

Patient : *je vais noter dans un carnet comment je me sens après la relaxation, et comment je dors ensuite.*

Le résultat obtenu est que le patient se donne un outil de suivi.

Praticien : *c'est une excellente idée.*

Visualisation

Praticien : *si vous le voulez bien, nous allons poursuivre avec une technique de visualisation. C'est une méthode où nous utilisons l'imagination pour créer des images mentales apaisantes. L'objectif est de vous aider à vous détendre et à vous projeter dans un futur positif, ce que l'on appelle la 'futurisation positive'. Je vous invite à fermer les yeux, si vous le souhaitez. Que pensez-vous de commencer par imaginer une scène où vous êtes confortablement relaxé ?*

Patient : *cela me semble intéressant, mais comment dois-je procéder exactement ?*

Praticien : *je vous propose de laisser votre esprit se détendre et d'imaginer un endroit où vous vous sentez totalement à l'aise et détendu. Peut-être un lieu familier ou un espace idéal pour le repos. Visualisez-vous dans cette scène, ressentant une relaxation profonde, une réduction de vos troubles du sommeil et de votre stress. Faites-le à votre manière, avec vos propres images et sensations.*

Le patient ferme les yeux et après un moment, un sourire se dessine sur ses lèvres, son visage se détend.

Praticien : *je remarque que vous semblez détendu. Pouvez-vous me décrire ce que vous vivez dans cette scène ? Quels sentiments et émotions ressentez-vous ?*

Patient : *je me trouve dans un fauteuil extrêmement confortable, dans une pièce calme et paisible. La température est parfaite, et je sens mon corps se relâcher complètement. Je me sens en sécurité, détendu, et mon esprit est libre de tout stress.*

Praticien : *excellent. Continuez à vous immerger dans cette scène... Laissez ces sensations de confort et de relaxation s'installer davantage... Cela va accentuer les effets bénéfiques de cette visualisation... Laissez-vous aller à ces sentiments... sécurité... détendu... et mon esprit est libre de tout stress... et ressentez-les pleinement..."*

Transition vers l'hypnose

Praticien : *alors que vous êtes immergé dans cette visualisation positive nous allons doucement passer à une séance d'hypnose. Cela nous aidera à ancrer les résultats obtenus et à soulager davantage votre trouble du sommeil. Rappelez-vous, vous êtes en contrôle à chaque instant.*

Phase de préparation :

Praticien : *je tiens à vous assurer que vous êtes dans un environnement sûr et que vous pouvez avoir confiance en ce processus. L'objectif est de renforcer la détente que vous ressentez actuellement et de vous aider à trouver un sommeil réparateur. Êtes-vous prêt à continuer avec cette approche ?*

Patient : *oui, je suis prêt.*

Phase d'induction :

Praticien : *très bien... Continuez à respirer calmement et profondément... Avec chaque respiration, vous vous sentez plus détendu... Imaginez que chaque souffle est une vague de relaxation qui se répand dans tout votre corps... Vous êtes en sécurité, et votre esprit est ouvert aux changements positifs...*

Phase de travail :

Praticien : *maintenant, focalisez-vous sur cette sensation de confort dans le fauteuil de votre visualisation... Laissez cette sensation de sécurité et de paix se propager... Votre inconscient connaît déjà le chemin vers un sommeil réparateur... Imaginez que chaque mot que je prononce renforce cette sensation... vous aidant à surmonter les troubles du sommeil... Vous possédez en vous toutes les ressources nécessaires pour améliorer votre sommeil...*

Métaphore :

Praticien : *imaginez un doux crépuscule... lorsque le ciel se teinte d'une couleur apaisante et que le monde semble ralentir... Comme le soleil se couche lentement... vous sentez votre esprit s'apaiser... s'assoupir doucement dans la tranquillité de la nuit naissante... Cette métaphore du coucher du soleil reflète votre transition naturelle vers un sommeil paisible et réparateur...* [Pause 20 secondes]

Transition vers la séance de magnétisme

Praticien : *alors que vous êtes dans cet état réceptif, je commence la séance de magnétisme pour vous aider à réduire votre trouble du sommeil.*

1- Passes d'assainissement :

Praticien : *je commence par effectuer des passes d'assainissement pour dégager les énergies perturbées et génératrices de stress... En douceur, je réalise des passes de ratissage et d'extraction au niveau de votre tête... pour libérer les tensions et apaiser votre esprit...*

Le praticien effectue des mouvements doux et mesurés au-dessus de la tête du patient, sans contact physique.

2- Passes de magnétisme :

Praticien : *maintenant, je continue avec des passes de magnétisme... en me concentrant d'abord sur votre tête... Cela aide à libérer les troubles énergétiques et à favoriser la relaxation... Puis, je poursuis sur l'ensemble de votre corps... pour dégager les énergies perturbées et installer une détente musculaire profonde...*

Le praticien réalise des mouvements fluides et réguliers, parcourant lentement l'ensemble du corps du patient.

3- Sollicitation du subconscient :

Praticien : *je vous invite maintenant à demander à votre subconscient, qui est l'interface avec votre intelligence individualisée... de solliciter celle-ci afin qu'elle élabore un remède spécifique et adapté pour soigner la cause générant votre trouble du sommeil... Votre subconscient a le pouvoir de trouver des solutions internes pour un rétablissement profond et durable.*

Le praticien marque une pause, laissant le temps au patient de se connecter avec son subconscient.

Phase de sortie :

Praticien : *alors que cette session touche à sa fin, vous allez ramener avec vous ces sensations de confort et de relaxation dans votre vie quotidienne... À mon l'annonce du chiffre de trois, vous reviendrez à un état de conscience ordinaire, en vous sentant revigoré et positif... Un, vous commencez à ressentir davantage votre corps ; deux, vous prenez une respiration profonde et vous vous étirez doucement ; trois, ouvrez les yeux, vous vous sentez bien, reposé et prêt à profiter d'un sommeil réparateur...*

Cette approche combinée de l'hypnose et du magnétisme vise à traiter le trouble du sommeil de manière holistique, en adressant à la fois les aspects mentaux et énergétiques.

Ce tableau résume les étapes clés du processus thérapeutique, en mettant en avant la méthodologie et les objectifs de chaque phase du soin.

Étapes du Soin	Description
Entretien Initial	Le praticien établit une relation de confiance, évalue le besoin du patient et son contexte, et vérifie le suivi médical.
Visualisation	Le patient est invité à se relaxer et à imaginer une scène apaisante pour réduire son stress et ses troubles du sommeil.
Transition vers l'hypnose	Le praticien annonce le passage à l'hypnose pour ancrer les effets positifs de la visualisation.
Hypnose - Phase de préparation	Établissement d'une relation de confiance et clarification de l'objectif de la séance d'hypnose.
Hypnose - Phase d'induction	Utilisation de suggestions verbales pour amener le patient dans un état de transe réceptive.
Hypnose - Phase de travail	Utilisation des images et des sensations de la visualisation pour mobiliser les ressources inconscientes du patient.
Hypnose - Métaphore	Intégration d'une métaphore apaisante du coucher du soleil pour favoriser la transition vers le sommeil.
Transition vers le magnétisme	Annonce du début de la séance de magnétisme pour intensifier les effets de l'hypnose.

Étapes du Soin	Description
Magnétisme - Passes d'assainissement	Réalisation de mouvements doux pour dégager les énergies perturbées et génératrices de stress.
Magnétisme - Passes de magnétisme	Concentration sur la tête et l'ensemble du corps pour libérer les troubles énergétiques et détendre les muscles.
Magnétisme - Sollicitation du subconscient	Encouragement à utiliser le subconscient pour élaborer des solutions internes pour la cause du trouble du sommeil.
Magnétisme - Phase de sortie	Retour à un état de conscience ordinaire avec des sensations positives et un sentiment de bien-être.

Chapitre 24
Anxiété

Praticien : *bonjour, comment allez-vous, êtes-vous actuellement suivi par un médecin pour votre anxiété ?*

Effet recherché : s'assurer que le patient bénéficie d'un suivi médical approprié, ce qui est crucial pour une gestion efficace de l'anxiété.

Patient : *bonjour, oui, je suis suivi par un médecin.*

Résultat obtenu : le patient confirme qu'il reçoit un suivi médical, ce qui est rassurant et permet de poursuivre la séance en toute sécurité.

Praticien : *quelle est votre propre définition de l'anxiété ?*

Effet recherché : amener le patient à exprimer sa perception personnelle de l'anxiété, ce qui aide à comprendre son expérience unique.

Patient : *pour moi, c'est une sensation de peur constante, comme si quelque chose de mauvais allait se produire.*

Résultat obtenu : le patient partage sa perception de l'anxiété, ce qui donne un aperçu de son état émotionnel.

Praticien : *quand ressentez-vous principalement cette anxiété ?*

Effet recherché : identifier les circonstances ou les moments où l'anxiété est la plus forte, pour mieux comprendre les déclencheurs.

Patient : *souvent au travail ou avant des réunions importantes.*

Résultat obtenu : identification des situations professionnelles comme déclencheurs principaux de l'anxiété.

Praticien : *comment se manifeste physiquement cette anxiété ?*

Effet recherché : reconnaître les symptômes physiques de l'anxiété pour une prise de conscience corporelle.

Patient : *j'ai des palpitations, des sueurs et parfois des maux de tête.*

Résultat obtenu : le patient décrit des symptômes physiques, ce qui aide à comprendre l'impact corporel de son anxiété.

Praticien : *ces sensations vous semblent-elles gérables ou dépassent-elles souvent votre capacité à les contrôler ?*

Effet recherché : évaluer le niveau de contrôle que le patient ressent sur ses symptômes.

Patient : *ça me dépasse souvent.*

Résultat obtenu : le patient exprime un sentiment de perte de contrôle, indiquant un besoin de stratégies de gestion.

Praticien : *avez-vous déjà essayé des techniques pour gérer ces sensations ?*

Effet recherché : découvrir si le patient a des stratégies existantes de gestion de l'anxiété.

Patient : *pas vraiment, je ne sais pas trop quoi faire.*

Résultat obtenu : le patient exprime un besoin d'acquérir des compétences en matière de gestion de l'anxiété.

Praticien : *avez-vous à un moment réussi à surmonter une situation stressante. Qu'avez-vous fait différemment cette fois-là ?*

Effet recherché : encourager le patient à réfléchir à des expériences réussies pour renforcer la confiance en ses capacités.

Patient : *j'ai pris de grandes respirations et me suis concentré sur le moment présent.*

Résultat obtenu : le patient identifie une stratégie qui a fonctionné, suggérant une ouverture à des techniques de pleine conscience.

Praticien : *comment pourriez-vous appliquer cette technique dans les situations actuelles qui provoquent votre anxiété ?*

Effet recherché : aider le patient à transposer une stratégie réussie à des situations actuelles pour améliorer son autonomie dans la gestion de l'anxiété.

Patient : *peut-être en prenant un moment pour respirer avant les réunions.*

Résultat obtenu : le patient réfléchit à comment utiliser des techniques de respiration dans des contextes spécifiques.

Praticien : *quelles sont, selon vous, les pensées qui accompagnent votre anxiété dans ces moments ?*

Effet recherché : identifier les pensées ou croyances négatives associées à l'anxiété pour mieux les comprendre et les remettre en question.

Patient : *je pense souvent que je vais échouer ou décevoir les autres.*

Résultat obtenu : le patient révèle des pensées négatives spécifiques, ouvrant la voie à un travail sur la restructuration cognitive.

Praticien : *comment vous sentiriez-vous si vous remettiez en question ces pensées ?*

Effet recherché : encourager le patient à envisager des perspectives alternatives et à défier ses croyances limitantes.

Patient : *ça me semble difficile, mais peut-être un peu plus confiant si je pouvais y arriver.*

Résultat obtenu : le patient reconnaît la difficulté mais aussi le potentiel bénéfique de remettre en question ses pensées.

Praticien : *quelle est la pire chose qui pourrait raisonnablement se produire dans ces situations ?*

Effet recherché : aider le patient à mettre en perspective ses peurs en envisageant des scénarios réalistes.

Patient : *je pourrais faire une erreur, mais ce n'est pas la fin du monde.*

Résultat obtenu : le patient commence à relativiser l'importance de ses craintes.

Praticien : *comment pourriez-vous vous préparer pour ces situations tout en gérant votre anxiété ?*

Effet recherché : encourager le patient à développer des stratégies proactives de gestion de l'anxiété.

Patient : *je pourrais pratiquer mes présentations à l'avance et utiliser la respiration pour me calmer.*

Résultat obtenu : le patient identifie des actions concrètes pour gérer son anxiété de manière proactive.

Praticien : *que pourriez-vous faire immédiatement après avoir ressenti de l'anxiété pour diminuer son intensité ?*

Effet recherché : proposer des actions post-anxiété pour aider à réduire rapidement l'intensité des symptômes.

Patient : *peut-être noter mes pensées ou aller marcher un peu.*

Résultat obtenu : le patient suggère des stratégies d'adaptations immédiates, comme l'écriture ou l'exercice physique.

Praticien : *comment vous sentez-vous à propos de ces nouvelles stratégies ?*

Effet recherché : évaluer le sentiment du patient vis-à-vis des stratégies mentionnées, pour s'assurer de leur acceptabilité et de leur faisabilité.

Patient : *ça me semble faisable, et j'ai l'impression que ça pourrait aider.*

Résultat obtenu : *le patient exprime un sentiment d'espoir et d'ouverture vis-à-vis des stratégies proposées.*

Visualisation

Praticien : *nous allons maintenant pratiquer une technique appelée la visualisation. Elle consiste à créer mentalement une scène, comme un film dans lequel vous êtes l'acteur principal. L'objectif est de vous aider à ressentir un sentiment de calme et de contrôle. Cette méthode peut aussi servir à se projeter dans un futur positif, ce que l'on appelle la "futurisation positive". Je vous invite à fermer les yeux si cela vous convient, et à imaginer une scène où vous vous sentez en paix, libre de tout stress et de troubles du sommeil. Qu'en pensez-vous ?*

Patient : *ça me semble intéressant, je n'ai pas vraiment de questions.*

Praticien : *très bien, je vous laisse alors créer cette scène à votre guise. Imaginez un lieu, une situation, où vous vous sentez vraiment bien, détendu et serein.*

Le patient ferme les yeux et commence à se détendre. Après quelques instants, un sourire apparaît sur ses lèvres, son visage se détend, et son buste se redresse légèrement, signes de détente et de satisfaction.

Praticien : *je vois que vous êtes détendu. Pouvez-vous me décrire ce que vous voyez dans votre scène ? Quels sont les sentiments et émotions que vous ressentez ?*

Patient : *je suis dans une forêt tranquille, entouré d'arbres majestueux et du son apaisant des feuilles qui bruissent dans le vent. L'air est frais et vivifiant. Je me sens complètement apaisé, comme si toute l'anxiété s'était évaporée. Il y a une sensation de connexion avec la nature et de sérénité profonde.*

Praticien : *excellent, continuez à vous immerger dans cette scène... Ressentez chaque détail... chaque sensation... chaque émotion... Laissez cette expérience positive imprégner tout votre être pour accentuer les effets bienfaisants...*

Transition vers l'hypnose

Praticien : *alors que vous êtes immergé dans cette visualisation positive, avec les sensations de paix et de sérénité de la forêt, je vais doucement vous guider vers une séance d'hypnose. Cette méthode va nous permettre d'ancrer les sensations positives que vous ressentez maintenant, pour soulager le stress. Vous vous sentez à l'aise avec cette idée ?*

Phase de préparation : le praticien renforce la relation de confiance, clarifie l'objectif de l'hypnose et évalue la réceptivité du patient.

Patient : *oui, je me sens prêt.*

Praticien : *parfait. Je vous invite à continuer à respirer calmement et à vous concentrer sur ma voix. Imaginez que chaque respiration vous détend encore plus, vous emmenant plus profondément dans un état de relaxation…*

Phase d'induction : Le praticien utilise une voix douce et apaisante, fait des pauses entre chaque phrase et des suggestions verbales pour guider le patient vers un état de transe légère.

Praticien : *alors que vous vous détendez, imaginez que vous marchez dans cette forêt. Avec chaque pas, vous vous sentez plus léger, plus calme. Les sons de la forêt, le frémissement des feuilles, le chant des oiseaux, tout concourt à vous apaiser.*

Phase de travail : le praticien intègre les éléments de la visualisation précédente, utilisant les images et les sensations évoquées par le patient pour renforcer l'effet de l'hypnose.

Praticien : *au cœur de cette forêt se trouve une source lumineuse… symbole de votre sérénité intérieure… Chaque fois que vous vous sentez stressé ou incapable de dormir… pensez à cette lumière… Elle est toujours là… prête à vous apaiser et à vous aider pour retrouver la sérénité…*

Transition vers la séance de magnétisme

Praticien : *alors que vous êtes dans cet état réceptif, je commence la séance de magnétisme… Je vais doucement travailler pour extraire les énergies des pensées anxiogènes…*

1. Passes d'assainissement :

Praticien : (parlant à voix basse.) *Je commence par des passes de ratissage au-dessus de votre tête... pour dégager les énergies perturbées... Imaginez que chaque mouvement de mes mains éloigne les pensées anxiogènes... comme des feuilles emportées par le vent...*

Le praticien effectue des mouvements lents et mesurés au-dessus de la tête du patient, créant un sentiment de libération.

2. Passes de magnétisme :

Praticien : *maintenant, je concentre mon énergie sur votre tête... puis je la diffuse doucement sur l'ensemble de votre corps... Ces passes sont destinées à harmoniser vos énergies... à vous libérer des tensions... et à instaurer une détente musculaire profonde...*

Le praticien poursuit avec des mouvements fluides et apaisants, parcourant lentement l'ensemble du corps du patient, favorisant une détente plus profonde.

3. Suggestion au subconscient :

Praticien : *à cet instant, vous pouvez demander à votre subconscient, qui est l'interface avec votre intelligence individualisée, de travailler pour vous... Sollicitez-le pour qu'il élabore un remède spécifique... adapté pour soigner la cause de votre anxiété. Votre subconscient sait ce dont vous avez besoin et peut vous aider à trouver le chemin vers le calme et la sérénité lorsque vous en avez besoin.*

Le praticien fait une pause, permettant au patient d'intégrer ces suggestions, renforçant le processus de guérison intérieure.

Praticien : *respirez profondément... et à chaque expiration, vous vous sentez plus léger... plus en paix... Vous avez en vous toutes les ressources nécessaires pour surmonter ce trouble et retrouver un équilibre parfait...*

Praticien : *lorsque vous serez prêt à revenir à l'état de conscience ordinaire, vous apporterez avec vous le sentiment de calme et de paix de cette forêt... Vous vous sentirez reposé, rafraîchi... et prêt à vos journées avec une nouvelle perspective...*

Phase de sortie :

Le praticien ramène doucement le patient à un état de conscience normale, en insistant sur les changements positifs et les sensations de bien-être.

Praticien : *je vais à présent compter jusqu'à trois, et à l'énoncé du chiffre trois, vous ouvrirez les yeux, vous sentant détendu et revigoré. Un... deux... trois.*

Patient : *ouvre les yeux, semble détendu et souriant*

Praticien : *comment vous sentez-vous ?*

Patient : *je me sens vraiment bien, comme si j'avais réellement été dans cette forêt. Le stress semble s'être envolé.*

Praticien : *c'est parfait. Souvenez-vous que vous pouvez revenir à cette forêt dans votre esprit chaque fois que vous en ressentez le besoin.*

Ce tableau récapitule les différentes phases du soin

Dialogue	Analyse et Commentaires
Praticien : bonjour, comment allez-vous, êtes-vous actuellement suivi par un médecin pour votre anxiété ?	Le praticien initie le dialogue en vérifiant si le patient a un suivi médical, une étape importante pour toute prise en charge de l'anxiété.

Dialogue	Analyse et Commentaires
Effet recherché : s'assurer que le patient bénéficie d'un suivi médical approprié, ce qui est crucial pour une gestion efficace de l'anxiété.	Cette question vise à établir la sécurité et la responsabilité dans le cadre thérapeutique, assurant que le patient a le soutien médical nécessaire.
Patient : bonjour, oui, je suis suivi par un médecin.	La réponse positive du patient indique qu'il est conscient de son état de santé et qu'il prend des mesures pour y faire face.
Résultat obtenu : le patient confirme qu'il reçoit un suivi médical, ce qui est rassurant et permet de poursuivre la séance en toute sécurité.	La confirmation du suivi médical indique la possibilité de procéder à des interventions psychologiques complémentaires en toute sécurité.
Praticien : quelle est votre propre définition de l'anxiété ?	Cette question ouvre le dialogue sur la perception personnelle de l'anxiété, invitant le patient à partager son expérience vécue.
Effet recherché : amener le patient à exprimer sa perception personnelle de l'anxiété, ce qui aide à comprendre son expérience unique.	Comprendre la perception du patient aide le praticien à personnaliser son approche et à valider les expériences du patient.
Patient : pour moi, c'est une sensation de peur constante, comme si quelque chose de mauvais allait se produire.	La réponse du patient révèle sa compréhension de l'anxiété comme une peur persistante, ce qui fournit un point de départ pour le travail thérapeutique.

Dialogue	Analyse et Commentaires
Praticien : comment vous sentez-vous ?	Le praticien cherche à évaluer l'efficacité des interventions et la réponse émotionnelle du patient après la séance.
Patient : je me sens vraiment bien, comme si j'avais réellement été dans cette forêt. Le stress semble s'être envolé.	La réponse positive du patient suggère une réduction réussie du stress grâce aux techniques utilisées, indiquant une application efficace de la thérapie.

Chapitre 25
La dépression

Praticien : *bonjour, comment allez-vous ?*

Patient : *pas très bien, je me sens déprimé ces derniers temps.*

Praticien : *je comprends. Avez-vous déjà consulté un médecin ou un spécialiste pour cette dépression ?*

Patient : *oui, je vois un psychiatre régulièrement.*

Praticien : *c'est une bonne démarche. Quels sont les moments où vous vous sentez le plus déprimé ?*

Patient : *souvent le soir, quand je suis seul.*

Praticien : *que faites-vous durant ces moments pour vous sentir mieux ?*

Patient : *pas grand-chose, je regarde la télé ou je dors.*

Praticien : *y a-t-il des activités qui vous procurent du plaisir ou un certain réconfort ?*

Patient : *j'aimais bien me promener, mais je ne le fais plus.*

Praticien : *que pourrait-il vous motiver à reprendre les promenades ?*

Patient : *je ne sais pas, peut-être si j'avais quelqu'un pour m'accompagner.*

Praticien : *avoir une compagnie semble important pour vous. Y a-t-il des amis ou des membres de la famille avec qui vous pourriez partager ces moments ?*

Patient : *j'ai quelques amis, mais je ne veux pas les ennuyer avec mes problèmes.*

Praticien : *pensez-vous qu'ils seraient ouverts à l'idée de passer du temps avec vous, même sans parler de vos problèmes ?*

Patient : *peut-être, je n'y avais pas pensé.*

Praticien : *qu'est-ce qui vous empêche de les contacter ?*

Patient : *la peur du rejet, je suppose.*

Praticien : *cette peur est compréhensible. Comment vous sentiriez-vous en essayant malgré tout de les contacter ?*

Patient : *un peu anxieux, mais ça pourrait être positif.*

Praticien : *en dehors des promenades, y a-t-il d'autres activités qui vous intéressaient auparavant ?*

Patient : *j'aimais bien lire et jardiner.*

Praticien : *qu'est-ce qui vous plaisait dans la lecture et le jardinage ?*

Patient : *la lecture me permettait de m'évader, et le jardinage me donnait un sentiment d'accomplissement.*

Praticien : *pensez-vous pouvoir intégrer ces activités, même de façon modérée, dans votre quotidien ?*

Patient : *peut-être que je pourrais essayer de lire un peu le soir.*

Praticien : *cela semble être un bon début. Comment pourriez-vous rendre ces moments de lecture plus agréables ?*

Patient : *en choisissant des livres qui me plaisent vraiment, je suppose.*

Praticien : *exactement. Avez-vous réfléchi à des objectifs ou des petits pas que vous pourriez franchir chaque jour pour améliorer votre bien-être ?*

Patient : *pas vraiment, je ne sais pas par où commencer.*

Praticien : *que diriez-vous de commencer par une promenade courte ou un moment de lecture chaque jour ?*

Patient : *ça semble faisable, je pourrais essayer.*

Praticien : *excellent. Comment vous sentez-vous à l'idée de mettre en place ces petites actions ?*

Patient : *un peu plus optimiste, je crois.*

Praticien : *c'est un bon signe. Comment pourrions-nous suivre vos progrès la prochaine fois que nous nous rencontrerons ?*

Patient : *je pourrais tenir un journal de mes activités et de mes sentiments.*

Praticien : *cela semble être une excellente idée. Souhaitez-vous ajouter quelque chose ou parler d'autre chose qui vous préoccupe ?*

Patient : *non, je pense que c'est un bon point de départ.*

Le tableau ci-dessous résume les informations clés du dialogue maïeutique entre le praticien et le patient, mettant en lumière les domaines sur lesquels le praticien peut se concentrer pour aider le patient, et les prises de conscience du patient concernant ses propres besoins et obstacles

Informations pour le Praticien	Prise de Conscience du Patient
Le patient consulte un psychiatre régulièrement	Conscient de l'importance du suivi médical
Il se sent plus déprimé le soir et souvent seul	Reconnaît l'impact de la solitude sur son humeur
Il a cessé de faire des promenades qu'il aimait	Prend conscience de l'importance des activités plaisantes
Il a peur du rejet par ses amis	Identifie la peur du rejet comme un obstacle à la socialisation
Il est intéressé à reprendre la lecture et le jardinage	Reconnaît le plaisir et l'évasion apportés par ses hobbies
Il est ouvert à l'idée d'essayer de nouvelles activités	Montre de l'optimisme et de la volonté pour de petites actions positives
Il est prêt à tenir un journal de ses activités et sentiments	Accepte l'importance de la réflexion et du suivi de son évolution

Visualisation

Praticien : *très bien, si vous le voulez bien, nous allons poursuivre la séance avec la pratique d'une technique appelée visualisation. Vous connaissez ?*

Patient : *non, c'est quoi exactement ?*

Praticien : *c'est une méthode où vous utilisez votre imagination pour créer des images dans votre tête. Cela peut aider à se sentir mieux. On imagine des scènes agréables, comme un moyen de voyager dans un futur positif. Ça vous va si on essaie ensemble ?*

Patient : *d'accord, mais comment on fait ?*

Praticien : *je vous invite à vous mettre à l'aise. Vous pouvez fermer les yeux si vous le souhaitez. Imaginez un lieu ou une situation qui vous rend heureux. Que pensez-vous si je vous propose d'imaginer une scène où vous vous sentez bien, détendu et heureux ?*

Patient : *je peux essayer.*

Praticien : *parfait. Prenez votre temps. Vous avez des questions avant de commencer ?*

Patient : *non, ça me semble clair.*

Le patient ferme les yeux et commence à visualiser.

Praticien : (Après une pause, voyant le patient sourire légèrement). *Vous semblez détendu. Pouvez-vous me décrire ce que vous voyez dans cette scène ?*

Patient : *je me vois en train de me promener dans un parc, il fait beau et je me sens léger.*

Praticien : *c'est une belle image. Quels sentiments cela éveille-t-il en vous ?*

Patient : *je me sens apaisé, un peu comme si mes soucis s'étaient envolés.*

Praticien : *c'est très positif. Y a-t-il d'autres détails dans cette scène qui contribuent à votre sentiment de bien-être ?*

Patient : *oui, je sens la brise, j'entends les oiseaux, et je suis entouré de verdure. Ça me rend heureux.*

Praticien : *ces sensations et ces détails sont importants. Ils contribuent à votre sentiment de paix. Comment vous sentez-vous maintenant après cette visualisation ?*

Patient : *je me sens plus calme, plus optimiste.*

Praticien : *c'est excellent. Rappelez-vous que vous pouvez utiliser cette technique à tout moment pour vous aider à retrouver ce sentiment de paix.*

Transition vers l'hypnose

Praticien : *alors que vous êtes immergé dans cette visualisation positive, nous allons doucement passer à une phase d'hypnose. Cela va nous aider à renforcer ces sensations agréables et à les ancrer plus profondément. Vous êtes à l'aise avec cela ?*

Patient : *oui, ça va.*

Praticien : *parfait. Je vous invite à continuer à vous détendre. Prenez conscience de votre corps, des points de contact avec le siège ou le lit sur lequel vous êtes. Sentez ces points de contact...*

Maintenant, concentrez-vous sur votre respiration... Inspirez doucement... et expirez, laissez aller toutes les tensions...

Imaginez maintenant une sensation de détente qui commence à vos pieds... Sentez vos pieds se détendre... Cette détente monte maintenant à vos chevilles... vos mollets... Elle continue de monter vers vos genoux... vos cuisses... Sentez maintenant cette détente dans votre bassin... votre ventre... Elle monte jusqu'à votre poitrine... relaxant votre dos... vos épaules... Vos bras... vos mains, se détendent également... Enfin, imaginez cette détente qui monte jusqu'à votre tête... relaxant votre visage... votre front...

Alors que cette relaxation s'installe, vous pouvez sentir une lourdeur agréable dans tout votre corps... Vos paupières deviennent lourdes, très lourdes... Chaque partie de votre corps se sent engourdie, détendue...

Maintenant, pensez à la scène que vous avez visualisée. Imaginez cette scène... ces images... ces sensations... ces sons... comme ancrant solidement cette détente et ce bien-être...

Peut-être pouvez-vous imaginer cette scène se transformant en une force... une énergie, peu importe la couleur... qui se diffuse dans toutes vos cellules... créant un fourmillement agréable dans chaque partie de votre corps...

Comme vous êtes dans cet état de relaxation profonde... je vais vous proposer une métaphore... Imaginez un arbre solide et robuste dans votre parc préféré... Cet arbre, c'est vous... Avec des racines fortes et profondes... il tire sa force de la terre... tout comme vous puisez votre force de ces moments de calme et de paix...

Restez quelques instants dans cet état profond, imprégnez-vous de cette formidable force...

Praticien : *alors que vous êtes dans cette puissante énergie de réussite... je vous laisse quelques instants pour vous imprégner de cette formidable force...*

Transition vers la séance de magnétisme

Praticien : *alors que vous êtes dans cet état réceptif, je commence la séance de magnétisme. Je vais doucement travailler pour alléger les énergies liées à la dépression et aux pensées qui y sont associées.*

Le praticien commence à effectuer des gestes doux au-dessus de la tête du patient.

Praticien : (À voix basse) *je fais maintenant des passes d'assainissement au-dessus de votre tête... Ces passes comme un peigne ratisse et extrait les énergies perturbées... libérant votre esprit de toute tension...*

Le praticien continue avec des mouvements lents et réguliers.

Praticien : *je poursuis avec des passes de magnétisme, agissant principalement sur votre tête... puis progressivement sur l'ensemble de votre corps... Ces mouvements aident à dégager les énergies perturbées... et à installer une détente musculaire profonde...*

Le praticien parcourt doucement le corps du patient avec ses mains, sans le toucher.

Praticien : *maintenant, je vous invite à vous adresser à votre subconscient. C'est une partie de vous qui peut aider à trouver des solutions. Vous pouvez lui demander d'élaborer un remède spécifique, parfaitement adapté à vos besoins, pour soigner ce qui cause votre dépression. Faites-lui confiance pour vous guider vers la guérison...*

Le praticien termine les passes de magnétisme et fait une pause d'une minute avant de poursuivre.

Praticien : *à présent, vous allez vous préparer pour le retour à votre état de conscience habituel... Restez détendu et écoutez ma voix... Je vais compter lentement jusqu'à 5, et à chaque chiffre... vous allez progressivement revenir à vous... tout en conservant cette sensation de calme et de bien-être...*

1... Commencez à prendre conscience de votre corps... de la sensation de l'air sur votre peau...

2... Sentez vos mains et vos pieds... et commencez doucement à bouger les doigts des mains et vos orteils...

3... Prenez conscience de votre respiration... devenant un peu plus alerte, tout en restant détendu...

4... Commencez à bouger un peu plus, en étirant vos muscles si vous en ressentez le besoin...

5... Ouvrez les yeux quand vous êtes prêt, en revenant complètement à votre état de conscience normal, en vous sentant rafraîchi et revitalisé.

Praticien : *comment vous sentez-vous ?*

Le praticien attend la réponse du patient, s'assurant que celui-ci est pleinement revenu à son état normal de conscience et se sent bien, avant de finaliser la séance.

Patient : *je me sens... étrangement léger et apaisé. C'est comme si un poids avait été enlevé de mes épaules. Je ne m'attendais pas à ressentir un tel changement. Merci.*

Praticien : *je suis ravi de l'entendre. C'est important de prendre soin de soi.*

Patient : *oui, vous avez raison. Je crois que je devrais faire cela plus souvent. Prendre un moment pour moi, pour me détendre et me recentrer. C'est un bon conseil pour tout le monde, je pense.*

Praticien : *absolument. Se donner du temps est essentiel. N'oubliez pas de pratiquer ces techniques régulièrement pour maintenir votre bien-être.*

Ce tableau offre un aperçu structuré des techniques utilisées lors de la séance et de leur impact sur le patient.

Étapes du Soin	Descriptions
Visualisation positive	Le patient visualise une scène apaisante, renforçant les sensations de bien-être.
Hypnose de type Ericksonienne	Relaxation progressive du corps et utilisation de métaphores pour ancrer la détente et la force intérieure.
Séance de magnétisme	Passe d'assainissement et de magnétisme pour dégager les énergies perturbées et installer une détente musculaire.
Préparation pour le retour	Retour progressif à l'état de conscience normal, avec prise de conscience du corps et de l'environnement.
Réaction et conseil du patient	Le patient se sent léger et apaisé, reconnaissant l'importance de prendre du temps pour soi.

Chapitre 26
Troubles digestifs

Praticien : *bonjour... comment allez-vous ?*

Patient : *bonjour... je ne me sens pas très bien ces derniers temps.*

Praticien : *avez-vous déjà consulté un médecin pour ces troubles ?*

Patient : *oui... j'ai vu un médecin.*

Praticien : *pouvez-vous me décrire ce que vous ressentez ?*

Patient : *j'ai souvent mal au ventre et je me sens ballonné.*

Praticien : *depuis combien de temps ressentez-vous ces symptômes ?*

Patient : *cela fait quelques mois maintenant.*

Praticien : *avez-vous remarqué si certains aliments aggravent vos symptômes ?*

Patient : *je crois que les plats épicés me rendent plus malade.*

Praticien : *comment est votre appétit en général ?*

Patient : *je mange moins car j'ai peur d'avoir mal.*

Praticien : *prenez-vous du temps pour manger calmement ?*

Patient : *pas vraiment... je mange souvent rapidement.*

Praticien : *comment évaluez-vous votre niveau de stress au quotidien ?*

Patient : *je suis souvent stressé à cause du travail.*

Praticien : *avez-vous essayé des méthodes pour réduire votre stress ?*

Patient : *non... je ne sais pas comment m'y prendre.*

Praticien : *pensez-vous que votre mode de vie pourrait avoir des répercutions sur vos symptômes ?*

Patient : *peut-être... je ne fais pas beaucoup d'exercice.*

Praticien : *avez-vous déjà tenu un journal alimentaire pour suivre ce que vous mangez ?*

Patient : *non... je n'ai jamais fait ça.*

Praticien : *pensez-vous que cela pourrait vous aider à identifier les aliments problématiques ?*

Patient : *oui... ça pourrait être utile.*

Praticien : *comment dormez-vous la nuit ?*

Patient : *je dors mal... je me réveille souvent.*

Praticien : *buvez-vous de l'alcool ou fumez-vous ?*

Patient : *je bois un peu le week-end... mais je ne fume pas.*

Praticien : *avez-vous d'autres symptômes... comme de la fatigue ou des maux de tête ?*

Patient : *je suis souvent fatigué... mais pas de maux de tête.*

Praticien : *que pensez-vous de prendre des mesures pour améliorer votre bien-être... comme faire de l'exercice ou pratiquer la relaxation ?*

Patient : *ça semble être une bonne idée... je devrais essayer.*

Praticien : *comment vous sentez-vous à l'idée de mettre en place ces changements ?*

Patient : *un peu dépassé... mais je suis prêt à essayer pour aller mieux.*

Ce tableau aide à mettre en évidence les aspects clés du dialogue... facilitant ainsi une prise en charge plus ciblée et une meilleure compréhension des besoins du patient.

Informations pour le Praticien	Prises de Conscience pour le Patient
Le patient souffre de troubles digestifs depuis quelques mois.	Prendre conscience de la durée des symptômes.
Les plats épicés semblent aggraver les symptômes.	Identifier les aliments problématiques.
Le patient mange moins par peur d'avoir mal.	Reconnaître l'impact des symptômes sur les habitudes alimentaires.
Les repas sont souvent pris rapidement.	Considérer l'importance d'un moment calme pour manger.
Le patient est souvent stressé... en particulier à cause du travail.	Reconnaître le lien entre le stress et les troubles digestifs.
Manque de méthodes pour gérer le stress.	Explorer des méthodes pour réduire le stress.
Mode de vie sédentaire.	Prendre conscience de l'impact du mode de vie sur la santé.
Pas d'habitude de suivi alimentaire.	Réaliser l'utilité d'un journal alimentaire.
Sommeil perturbé et réveils fréquents.	Comprendre l'importance du sommeil dans le bien-être général.

Informations pour le Praticien	Prises de Conscience pour le Patient
Consommation d'alcool le week-end.	Évaluer les effets de l'alcool sur la santé.
Sentiment de fatigue... absence de maux de tête.	Relier la fatigue aux troubles digestifs.
Ouverture à l'idée d'améliorer le bien-être par l'exercice et la relaxation.	Reconnaître l'importance de prendre soin de soi.
Sentiment d'être un peu dépassé mais volonté d'essayer.	Admettre la nécessité de changement et la volonté d'amélioration.

Visualisation

Praticien : *je voudrais vous parler d'une méthode qui pourrait vous aider... ça s'appelle la visualisation. C'est comme si on se faisait un film dans la tête... où on imagine des choses qui nous font du bien. On utilise ça pour se sentir mieux maintenant... et aussi pour imaginer un avenir positif. Ça vous dit d'essayer ?*

Patient : *ça semble un peu étrange... mais pourquoi pas ?*

Praticien : *très bien. Je vous invite à fermer les yeux si ça vous va. Imaginez un endroit où vous vous sentez bien... en sécurité. Que pensez-vous si je vous propose d'imaginer une scène où vous vous sentez en pleine forme... sans ces problèmes de ventre ?*

Patient : *d'accord... je ferme les yeux.*

Pause - Le patient semble détendu... un sourire apparaît sur ses lèvres

Praticien : *vous avez l'air détendu. Pouvez-vous me raconter ce que vous voyez... ce que vous ressentez dans cette scène ?*

Patient : *je suis sur une plage en vacances... le soleil brille et la mer est calme. Je me sens bien... mon ventre est apaisé et je suis vraiment heureux.*

Praticien : *c'est très bien. Continuez à vous imaginer sur cette plage. Quelles sont les émotions que vous ressentez là... en étant libre de ces douleurs ?*

Patient : *je me sens tranquille... plein de joie. C'est comme si j'avais laissé mes soucis derrière moi.*

Praticien : *excellent... continuez à vous immerger dans cette scène. Laissez ces sentiments positifs et bienfaisants s'installer en vous. C'est votre espace... votre moment de bien-être.*

Le patient continue sa visualisation... apparemment apaisé et satisfait.

Transition vers l'hypnose

Praticien : *alors que vous êtes immergé dans cette visualisation positive... nous allons doucement poursuivre notre séance par de l'hypnose... Cela va nous aider à ancrer les sensations agréables que vous ressentez et soulager vos troubles digestifs... Restez détendu et suivez ma voix...*

1... Praticien : *commencez par prendre conscience des parties de votre corps en contact avec le support... Sentez comment votre corps repose... lourd et détendu... sur (dans le fauteuil ou le lit où vous êtes allongé) ...*

2... **Praticien** : *maintenant, focalisez-vous sur votre respiration... Inspirez profondément... et expirez lentement... Chaque expiration vous libère un peu plus de vos tensions...*

3... **Praticien** : *imaginez une sensation de détente qui commence dans vos pieds... Elle monte doucement... relâchant chaque muscle... chaque nerf... jusqu'à votre bassin... Sentez votre ventre se détendre... puis votre poitrine... votre dos... La détente atteint vos épaules... descend le long de vos bras jusqu'à vos mains... Enfin... imaginez cette sensation de détente envelopper doucement votre tête...*

4... **Praticien** : *votre corps s'alourdit maintenant... chaque partie s'imbibe de cette lourdeur relaxante... Sentez cette lourdeur vous ancrer... vous stabiliser...*

5... **Praticien** : *vos paupières deviennent lourdes... si lourdes... Sentez cette lourdeur se propager... un engourdissement agréable parcourt chaque partie de votre corps...*

6... **Praticien** : *gardez en tête cette image de la plage... les vagues... le soleil... Laissez ces images et sensations renforcer cet ancrage... ce bien-être dans votre corps... Vous êtes calme... serein... votre ventre est apaisé...*

7... **Praticien** : *transformons maintenant ces images et ces sensations en une force... une énergie qui se diffuse dans toutes vos cellules... Imaginez un fourmillement agréable parcourir chaque partie de votre corps... chaque cellule s'illumine de cette énergie...*

Praticien : *peut-être pouvez-vous ressentir une brise légère et douce... comme celle que l'on ressent près de la mer... Elle caresse votre peau... apportant une sensation de fraîcheur et de confort... Cette brise parcourt votre corps... soulevant doucement les tensions et les soucis... les emportant au loin... comme des feuilles portées par le vent... Chaque* *souffle de cette brise apaise et rafraîchit votre être... laissant derrière elle une tranquillité profonde et une harmonie parfaite...*

Praticien : *alors que vous êtes dans cette puissante énergie de réussite... je vous laisse quelques instants pour vous imprégner de cette formidable force... Sentez cette énergie vous remplir... vous revitaliser...*

Transition vers la séance de magnétisme

Praticien : *alors que vous êtes dans cet état réceptif... je commence la séance de magnétisme... Je vais travailler à extraire les énergies perturbées qui sont à la source de votre trouble digestif et des pensées qui y sont associées... Restez détendu et laissez-vous aller...*

1... Le praticien prononce (à voix basse) : *je commence par effectuer des passes d'assainissement au-dessus de votre abdomen... Ces mouvements aident à dégager les énergies perturbées qui pourraient être à l'origine de vos troubles digestifs... Imaginez ces énergies négatives quitter votre corps... comme si elles étaient ratissées et extraites par mes mains...*

Le praticien réalise des mouvements lents et mesurés au-dessus de l'abdomen du patient

2... (Toujours à voix basse) : *maintenant... je poursuis avec des passes de magnétisme plus générales... Je concentre mon énergie sur votre abdomen... puis je l'étends à tout votre corps... Ces passes aident à libérer toute tension et à instaurer une détente musculaire profonde... Sentez votre corps se relâcher davantage à chaque mouvement de mes mains...*

Le praticien effectue des mouvements doux et enveloppants sur l'ensemble du corps du patient.

3... (Toujours à voix basse) : *je vous invite maintenant à demander à votre subconscient... qui est l'interface avec votre intelligence individualisée... de travailler avec vous... Demandez-lui d'élaborer un remède spécifique et adapté... capable de traiter la cause de vos troubles digestifs... Faites confiance à votre corps et à votre esprit pour trouver ensemble les solutions dont vous avez besoin...*

Pause... permettant au patient de s'immerger dans cette demande à son subconscient.

Praticien : *à présent, vous allez vous préparer pour le retour... Je vais compter lentement jusqu'à 5, et à chaque chiffre, vous reprendrez peu à peu conscience de votre corps et de votre environnement... Quand j'arriverai à 5, vous serez complètement éveillé, vous sentant reposé et rafraîchi...*

1... *Sentez doucement votre conscience revenir à votre corps.*

2... *Prenez conscience de votre respiration, de l'air qui entre et sort de vos poumons.*

3... *Commencez à bouger légèrement, peut-être en remuant les doigts ou les orteils.*

4... *Sentez toute votre énergie revenir, remplissant votre corps d'une sensation de fraîcheur et de vitalité.*

5... *Ouvrez les yeux quand vous vous sentez prêt, revenez complètement ici et maintenant, en gardant avec vous les bienfaits de cette séance.*

Praticien : *la séance est maintenant terminée. Prenez un moment pour vous orienter. Comment vous sentez-vous ?*

Fin de séance

Patient : *je me sens vraiment détendu et apaisé, c'est comme si un poids avait été enlevé de mon ventre.*

Praticien : *c'est une excellente nouvelle. Pour continuer sur cette voie, je vous conseille de pratiquer régulièrement des exercices de relaxation chez vous. La visualisation que nous avons faite peut être un bon point de départ. Essayez de vous imaginer dans votre lieu de détente, comme la plage, chaque jour quelques minutes.*

Pensez aussi à suivre les habitudes alimentaires que nous avons évoquées lors de notre précédente discussion. Un journal alimentaire pourrait vous aider à identifier les aliments qui aggravent vos symptômes.

Je vous encourage à trouver des méthodes pour gérer votre stress au quotidien. Que ce soit par la méditation, la marche, ou toute autre activité qui vous fait vous sentir bien.

Rappelez-vous que votre bien-être est un processus continu et il est important de prendre soin de vous-même, aussi bien mentalement que physiquement. N'hésitez pas à revenir si vous avez besoin d'un autre accompagnement ou de conseils supplémentaires.

Ce tableau résume les différentes étapes du soin et les conseils donnés au patient, offrant une vue d'ensemble claire et structurée du processus de soin.

Étapes du Soin	Actions et Conseils
1. Visualisation	- Patient imagine un lieu apaisant (plage en vacances)
2. Hypnose	- Relaxation corporelle, focalisation sur la respiration, sensation de détente et d'allègement
3. Magnétisme	- Passes d'assainissement et d'extraction des énergies perturbées, surtout au niveau de l'abdomen
4. Ancrage et Demande au Subconscient	- Encouragement à solliciter le subconscient pour développer un remède spécifique aux troubles digestifs
Conseils Post-Séance	- Pratiquer des exercices de relaxation et de visualisation quotidienne - Tenir un journal alimentaire pour identifier les aliments problématiques - Adopter des méthodes pour gérer le stress au quotidien (méditation, activités relaxantes, etc.) - Prendre soin de soi de manière holistique, tant sur le plan mental que physique

Chapitre 27
Règles douloureuses

Pour entamer ce chapitre, je présente un tableau détaillé qui récapitule les causes fréquentes et les symptômes couramment associés aux règles douloureuses. Cet outil se révèle être une ressource précieuse pour le praticien, lui fournissant des informations clés pour une meilleure compréhension et une prise en charge efficace de cette condition. Voici donc ce tableau, qui peut servir de guide dans l'identification et la gestion des règles douloureuses.

Causes des règles douloureuses	Symptômes des règles douloureuses
Déséquilibre hormonal (notamment des prostaglandines)	Crampes intenses dans le bas-ventre
Fibromes utérins	Douleur irradiant dans le dos et les jambes
Endométriose	Nausées et vomissements
Adénomyose	Diarrhée ou constipation pendant les règles
Sténose cervicale (rétrécissement du col de l'utérus)	Maux de tête
Contraceptifs intra-utérins (DIU)	Fatigue et faiblesse
Inflammation pelvienne	Ballonnements et sensation de lourdeur dans le bassin
Stress et anxiété	Irritabilité et changements d'humeur

Séance de type maïeutique : praticien/patiente

Praticien : *vous souffrez de règles douloureuses. Pourriez-vous me décrire la nature de votre douleur ? Est-elle plus comme une crampe ou une douleur continue ?*

Patiente : *c'est surtout comme des crampes très intenses.*

Praticien : *je vois. Ces crampes sont-elles principalement localisées dans le bas-ventre ou ressentez-vous aussi de la douleur dans le dos ?*

Patiente : *c'est principalement dans le bas-ventre, mais parfois aussi dans le dos.*

Praticien : *d'accord. En dehors de ces crampes, éprouvez-vous d'autres symptômes tels que des nausées, des vomissements ou de la diarrhée pendant vos règles ?*

Patiente : *oui, j'ai souvent des nausées et parfois de la diarrhée.*

Praticien : *avez-vous remarqué si ces symptômes s'aggravent ou changent avec le temps ?*

Patiente : *ils semblent être plus intenses ces derniers temps.*

Praticien : *comprenez-vous comment ces symptômes pourraient être liés à votre cycle menstruel et à votre état de santé général ?*

Patiente : *pas vraiment, je n'ai jamais vraiment fait le lien.*

Praticien : *c'est souvent le cas. La douleur et les symptômes peuvent être influencés par divers facteurs. Avez-vous des antécédents de conditions telles que l'endométriose ou des fibromes utérins dans votre famille ?*

Patiente : *ma mère avait des fibromes, oui.*

Praticien : *avez-vous remarqué d'autres symptômes pendant vos cycles, comme une fatigue excessive, des maux de tête, ou des changements d'humeur ?*

Patiente : *oui, je suis souvent très fatiguée et parfois irritable.*

Praticien : *ces symptômes peuvent être liés à l'impact global des règles douloureuses sur votre corps. Comment gérez-vous votre stress au quotidien ? Le stress peut aussi influencer la sévérité des symptômes.*

Patiente : *je n'ai pas vraiment de stratégies de gestion du stress.*

Praticien : *la gestion du stress pourrait être une voie à explorer pour soulager certains de vos symptômes. En résumé, vous ressentez des crampes intenses, des nausées, de la fatigue et parfois de l'irritabilité. Ces symptômes peuvent être liés à des facteurs hormonaux, génétiques, ou liés au stress. Pourriez-vous réfléchir à des changements de style de vie qui pourraient vous aider à gérer ces symptômes ?*

Patiente : *peut-être que faire plus d'exercice et apprendre des techniques de relaxation pourrait aider.*

Praticien : *c'est une excellente idée. Nous pouvons également explorer d'autres options de traitement et de soutien. Avez-vous d'autres questions ou préoccupations que vous aimeriez discuter ?*

Fin d'entretien.

Le tableau ci-dessous met en lumière la manière dont le dialogue maïeutique peut être bénéfique à la fois pour le praticien, en lui fournissant des informations clés pour le traitement, et pour la patiente, en l'aidant à comprendre ses symptômes et à envisager des stratégies pour les gérer.

Informations Utiles pour le Praticien	Bienfaits pour la Patient
Nature de la douleur (crampes intenses, bas-ventre et dos)	Identification précise de la douleur
Symptômes associés (nausées, diarrhée)	Reconnaissance des symptômes liés
Aggravation des symptômes dans le temps	Suivi de l'évolution des symptômes
Antécédents familiaux (fibromes utérins)	Compréhension des facteurs de risque génétiques
Autres symptômes (fatigue, irritabilité)	Conscience de l'impact global des règles
Absence de stratégies de gestion du stress	Identification d'un domaine d'amélioration
Exploration de changements de style de vie	Motivation à adopter des habitudes plus saines
Discussion sur des options de traitement et de soutien	Responsabilisation et espoir pour la gestion des symptômes

Visualisation

Praticien : *je vous propose un soin holistique en trois étapes, visant à apaiser vos douleurs de manière globale :*

Nous allons commencer par une séance de visualisation. Lors de cette étape, vous allez créer mentalement un environnement où vos douleurs sont absentes. Imaginez-vous dans un lieu apaisant, sans aucune douleur, et laissez cette image positive imprégner votre esprit.

Ensuite, nous enchaînerons avec une séance d'hypnose douce. Cette technique va nous aider à renforcer les bienfaits ressentis pendant la visualisation. L'hypnose va agir en douceur pour ancrer ces sensations positives et apaisantes dans votre subconscient.

Pour finir, nous terminerons par une séance de magnétisme. Ce moment sera consacré à harmoniser vos énergies et à réduire les déséquilibres énergétiques qui pourraient contribuer à vos douleurs. Le magnétisme va travailler à rétablir un équilibre plus sain dans votre corps, favorisant ainsi un état de bien-être général.

Ces trois techniques combinées visent à vous apporter un soulagement global, tant sur le plan physique que mental.

Patient : *ça a l'air intéressant et complet, mais comment ça marche exactement la visualisation ?*

Praticien : *c'est très simple. Je vous invite à fermer les yeux et à imaginer une scène qui vous rend heureuse, comme si vous la viviez vraiment. Imaginez un moment dans le futur où vous vous sentez bien, sans douleur. Vous avez des questions avant que l'on débute ?*

Patient : *non, je pense avoir compris.*

Praticien : *d'accord, je vous invite à imaginer un lieu qui vous rend heureuse et détendue. Peut-être un endroit en plein air ou un lieu qui* vous est cher. Fermez les yeux, respirez profondément et laissez votre imagination créer cet endroit... Prenez votre temps, créez-la comme vous le souhaitez...

Praticien : *je vois un sourire se dessiner sur vos lèvres, votre visage semble détendu. Pouvez-vous me décrire ce que vous voyez dans votre scène ?*

Patient : *je vois une maison à la campagne, entourée de pâturages et d'animaux... Je vois des vaches, des poulets qui se baladent, et un chat qui dort au soleil.*

Praticien : *cela semble être un endroit très paisible... Comment vous sentez-vous dans cette maison à la campagne avec tous ces animaux ?*

Patient : *je me sens vraiment tranquille et heureuse. C'est comme si toutes les douleurs ainsi que mes soucis s'étaient envolés.*

Praticien : *c'est merveilleux... peut-être pouvez-vous vous imaginer en train de vous promener dans ce cadre... en contact avec cette nature et ces animaux... Comment ressentez-vous cela dans votre corps et votre esprit ?*

Patient : *mon corps se sent léger et sans douleur. Je me sens calme et sereine, vraiment apaisée.*

Praticien : *continuez à profiter de cette scène, laissez ces sentiments de calme et de sérénité s'installer... C'est un espace où vous pouvez toujours revenir quand vous avez besoin de paix et de relaxation...*

(Pause d'une à deux minutes. La patiente continue d'explorer et de ressentir les émotions positives générées par sa visualisation personnelle de la maison à la campagne entourée d'animaux.)

Transition vers l'hypnose

Praticien : *alors que vous êtes immergé dans cette visualisation positive, nous allons doucement passer à la séance d'hypnose. Cette étape va nous aider à ancrer les bienfaits que vous avez ressentis pendant la visualisation, pour soulager vos douleurs liées aux règles.*

Maintenant, concentrez-vous sur les parties de votre corps en contact avec le support sous vous... Ressentez le fauteuil qui vous soutient... Sentez ces points de contact et comment votre corps s'y abandonne tranquillement... [Pause]

Portez maintenant votre attention sur votre respiration. Inspirez profondément... et expirez lentement, en laissant partir toute tension... Chaque respiration vous apporte plus de calme. [Pause]

Prenez conscience maintenant de chaque partie de votre corps. Commencez par vos pieds, sentez-les se détendre... puis votre bassin... votre ventre... ressentez cette détente monter jusqu'à votre poitrine... votre dos... vos épaules se relâchent... jusqu'à vos bras et vos mains... et enfin, sentez cette relaxation atteindre votre tête. [Pause entre chaque suggestion]

Sentez maintenant une agréable sensation de lourdeur s'installer dans votre corps... comme si chaque partie devenait plus lourde... plus détendue. [Pause]

Vos paupières deviennent lourdes...agréablement lourdes... Laissez cette lourdeur se propager... engourdissant chaque partie de votre corps. [Pause]

Visualisez les images et utilisez les mots de votre visualisation... Imaginez cette maison à la campagne... les prés, les animaux... ressentez cette paix et cette légèreté. [Pause]

Maintenant ces images se transforment en une force puissante... une énergie lumineuse qui se diffuse dans toutes vos cellules... cette énergie comme un fourmillement agréable... parcourt chaque partie de votre corps. [Pause]

Comme une lumière douce, apportant paix et guérison à votre corps... spécialement là où vous ressentiez la douleur... Comme le soleil qui réchauffe doucement la terre... cette lumière apaise et réconforte chaque cellule de votre corps. [Pause]

Restez quelques instants dans cet état profond, imprégnez-vous de cette formidable force. [Pause]

Praticien : *alors que vous êtes dans cette puissante énergie de réussite... je vous laisse quelques instants pour vous imprégner de cette force... Prenez tout le temps dont vous avez besoin...* [Pause]

Transition vers la séance de magnétisme

Le praticien formule ses intentions et ses actes à voix basse.

Praticien : *alors que vous êtes dans cet état réceptif et détendu... je commence la séance de magnétisme... Mon objectif est d'extraire les énergies perturbées qui peuvent être à la source de vos règles douloureuses et des pensées associées.*

1. *Je débute par des passes d'assainissement au-dessus de votre abdomen et de votre pubis... Je fais des passes de ratissage, pour dégager les énergies perturbées... Imaginez que chaque mouvement aide à extraire la douleur... à retirer toute tension ou déséquilibre énergétique de cette zone...* [Le praticien effectue les passes de ratissages et d'extractions]

2. *Maintenant, je poursuis avec des passes de magnétisme plus douces, concentrées sur votre abdomen et votre pubis... puis sur l'ensemble de votre corps... Ces mouvements visent à libérer toute énergie négative restante... et à instaurer une détente musculaire profonde... mes mains déposent une énergie apaisante... qui se répand dans tout votre corps... apportant calme et amélioration.* [Le praticien effectue les passes sur l'ensemble du corps]

3. *Je vous invite maintenant à demander à votre subconscient... qui est votre interface avec votre intelligence individualisée de travailler pour vous... Demandez-lui d'élaborer un remède spécifique et adapté... capable de traiter la cause de vos règles douloureuses... votre propre esprit détient les clés de votre bien-être... et il travaille maintenant à votre guérison...*

Prenez un moment pour ressentir les effets de cette séance de magnétisme... laissez votre corps et votre esprit intégrer ce soin... [Pause]

Praticien : à présent, vous allez vous préparer pour le retour à votre état de conscience habituel... Je vais compter lentement jusqu'à cinq, et à chaque chiffre, vous allez progressivement reprendre conscience de votre corps et de l'espace autour de vous... À cinq, vous serez pleinement réveillé, vous sentant rafraîchi et détendu...

1... [Pause] Commencez à sentir doucement votre corps... prenez conscience de la présence de vos pieds, de vos jambes...

2... [Pause] Sentez maintenant votre abdomen... votre poitrine, prenez conscience de votre respiration qui devient plus présente, plus régulière...

3... [Pause] Ressentez vos bras... vos mains... et votre cou... Commencez à entendre les sons autour de vous... sentez la pièce dans laquelle vous êtes...

4... *[Pause]* Votre tête devient plus légère, vos pensées plus claires... Vous commencez à bouger légèrement... à sentir le contact de votre corps avec le siège...

5... *[Pause]* Ouvrez doucement les yeux, prenez un moment pour vous orienter. Vous êtes maintenant pleinement conscient, calme et reposé. Prenez votre temps pour vous lever, sentez-vous rafraîchi et apaisé.

La séance est à présent terminée. Prenez un moment pour vous connecter à votre environnement, et quand vous vous sentirez prêt, vous pourrez vous lever doucement.

Fin de séance

Praticien : *maintenant que vous êtes de retour et que vous vous sentez à l'aise, pourriez-vous me faire part de vos impressions sur la séance ? Comment vous sentez-vous ?*

Patient : *je me sens vraiment détendue et légère. La visualisation m'a apporté beaucoup de paix, et pendant l'hypnose, j'ai senti comme une libération. Les passes de magnétisme m'ont donné une sensation de chaleur et de confort. C'était une expérience très apaisante.*

Praticien : *ces sensations de légèreté et de confort sont des signes positifs. Votre corps et votre esprit ont bien réagi aux différentes techniques. Gardez en mémoire ces sensations et souvenez-vous que vous pouvez revenir à cet état de tranquillité chaque fois que vous en ressentez le besoin.*

Je vous encourage à poursuivre ces pratiques de relaxation et d'auto-hypnose, en utilisant la visualisation pour maintenir cet état de bien-être. Si vous avez des questions ou avez besoin de plus de soutien, n'hésitez pas à me contacter.

Prenez soin de vous et n'oubliez pas que votre bien-être est essentiel. Bon retour à vos activités quotidiennes, en vous sentant renouvelée et apaisée.

Le tableau ci-dessous synthétise les étapes clés du soin et les réactions du patient, offrant une vue d'ensemble claire et concise du processus.

Étapes du Soin	Descriptions
Visualisation	Le patient crée mentalement un environnement apaisant où il ne ressent aucune douleur. Cette image positive s'imprègne dans l'esprit, aidant à apaiser les douleurs physiques et mentales.
Hypnose douce	Cette technique renforce les bienfaits de la visualisation. Elle agit en douceur pour ancrer les sensations positives et apaisantes dans le subconscient du patient.
Magnétisme	Cette phase se concentre sur l'harmonisation des énergies et la réduction des déséquilibres énergétiques. Elle aide à rétablir un équilibre sain dans le corps, favorisant un état de bien-être général.
Impressions du Patient	Après la séance, le patient se sent détendu et léger. La visualisation apporte la paix, l'hypnose une sensation de libération, et le magnétisme un confort chaleureux.
Conseils du Praticien	Le praticien encourage le patient à poursuivre ces pratiques de relaxation et d'auto-hypnose pour maintenir l'état de bien-être. Le patient est invité à se rappeler qu'il peut revenir à cet état de tranquillité quand il en ressent le besoin.

Chapitre 28

L'intelligence relationnelle : un atout pour réussir dans la vie professionnelle et personnelle

La question de la légitimité des praticiens des médecines parallèles est souvent débattue, tant sur le plan médical que sur le plan éthique.

Au fil des années, j'ai eu l'opportunité d'observer et d'analyser divers aspects lors de mes activités et formations dans les domaines du magnétisme et de l'énergétique. Une constatation récurrente est que nombre de stagiaires, bien qu'exceptionnellement doués dans ces pratiques, semblent manquer de compétences fondamentales en communication et en intelligence relationnelle. Ce manque d'expérience se manifeste souvent par des difficultés à établir des connexions profondes et significatives, non seulement avec leurs clients, mais aussi dans leurs interactions quotidiennes.

L'importance de ces compétences ne peut être sous-estimée, car elles jouent un rôle essentiel dans le succès et l'efficacité d'un praticien en magnétisme et en énergétique. La capacité à communiquer efficacement, à comprendre et à gérer ses propres émotions, ainsi qu'à interagir harmonieusement avec les autres, sont des atouts indispensables. Ces compétences renforcent la confiance des clients, facilitent une meilleure compréhension des besoins et des attentes, et contribuent à créer un environnement propice à la guérison et au bien-être.

À mon sens, il est essentiel d'intégrer un volet de développement personnel axé sur la communication et l'intelligence relationnelle dans les programmes de formation en magnétisme et en énergétique.

L'intelligence relationnelle peut se définir comme la capacité à comprendre, à communiquer et à interagir efficacement avec autrui, en tenant compte de leurs besoins, de leurs émotions et de leurs attentes. Elle implique également de savoir se remettre en question, de respecter les différences et de gérer les conflits.

L'intelligence relationnelle est donc une qualité essentielle pour tout professionnel qui travaille avec des personnes, et a fortiori pour ceux qui ont une responsabilité dans leur bien-être physique ou mental.

Les praticiens des médecines parallèles doivent donc être capables de développer une relation de confiance avec leurs patients, de les écouter attentivement, de les informer clairement et honnêtement sur les méthodes employées et les résultats attendus et de respecter leur libre arbitre. Ils doivent également être conscients des limites de leur champ d'action et savoir orienter leurs patients vers d'autres professionnels de santé si nécessaire. En somme, ils doivent faire preuve d'intelligence relationnelle, au même titre que les médecins conventionnels.

On peut donc affirmer que l'intelligence relationnelle est une condition indispensable pour être praticien dans le domaine des médecines parallèles, au-delà des seules connaissances techniques. C'est un gage de sérieux, de crédibilité et de respect envers les patients, mais aussi envers la profession elle-même.

L'intelligence relationnelle est la capacité à comprendre, à communiquer et à interagir efficacement avec les autres. Elle implique des compétences telles que l'empathie, l'écoute active, la gestion des émotions, la résolution de conflits, la coopération et la qualité pour gérer équitablement et efficacement.

Elle est essentielle pour établir des relations de confiance, de respect et de collaboration avec les collègues, les clients, les partenaires, les amis et la famille. Elle permet également de s'adapter aux différents contextes, cultures et personnalités que l'on rencontre dans la vie.

L'intelligence relationnelle se développe tout au long de la vie, à travers les expériences, les formations, les retours d'informations et la pratique.

Elle peut être améliorée en adoptant une attitude positive, curieuse et ouverte aux autres, en se remettant en question et en apprenant de ses erreurs, en cherchant à se connaître soi-même et à connaître les autres, en exprimant ses besoins et ses sentiments de manière assertive, en respectant les différences et les points de vue divergents, en donnant et en recevant du soutien, en reconnaissant les qualités et les contributions de chacun, et en s'engageant dans des projets communs.

L'intelligence relationnelle est un atout pour réussir dans la vie professionnelle et personnelle. Elle favorise la performance, la créativité, l'innovation, la satisfaction et le bien-être au travail. Elle facilite aussi l'épanouissement personnel, le développement de son potentiel, l'estime de soi et la confiance en soi. Elle contribue enfin à renforcer les liens sociaux, à prévenir l'isolement, à réduire le stress et à augmenter le bonheur.

La communication intrapersonnelle

La communication intrapersonnelle fait référence au dialogue intérieur, à la réflexion personnelle et à l'auto-analyse. C'est une composante essentielle du bien-être mental et de la croissance personnelle.

C'est l'art de dialoguer avec soi-même, de prendre conscience de ses pensées, de ses émotions, de ses besoins et de ses valeurs. Elle est essentielle pour un praticien en hypno-magnétisme-intégrative, car elle lui permet de développer sa confiance en soi, son intuition, sa créativité et son empathie.

En effet, en communiquant avec lui-même, le praticien peut mieux se connaître, se comprendre, se respecter et s'accepter. Il peut ainsi se libérer des croyances limitantes, des peurs et des blocages qui entravent son potentiel. Il peut également accéder à son inconscient, source de sagesse et de ressources, et utiliser les techniques d'hypnose et de magnétisme pour renforcer son bien-être et son équilibre.

Par ailleurs, en communiquant avec lui-même, le praticien peut mieux communiquer avec les autres, notamment avec ses clients. Il peut ainsi être plus à l'écoute, plus attentif, plus compréhensif et plus respectueux. Il peut également adapter son langage, son ton et son attitude en fonction des besoins et des attentes de chaque personne. Il peut ainsi créer un climat de confiance, de sécurité et de coopération propice à la réussite de la séance d'hypno-magnétisme-intégrative.

La communication intrapersonnelle est une compétence clé pour un praticien en hypno-magnétisme-intégrative, car elle lui permet de se développer personnellement et professionnellement. Elle lui permet également d'offrir un service de qualité à ses clients, en les accompagnant avec bienveillance et efficacité vers leurs objectifs.

Voici une liste approfondie et détaillée des stratégies et méthodes clés à adopter pour cultiver et renforcer efficacement votre communication intrapersonnelle :

1. Journalisation : tenir un journal pour enregistrer des pensées, des sentiments et des réflexions quotidiennes.

2. Méditation : pratiquer la méditation pour améliorer la conscience de soi et la capacité à se concentrer sur ses pensées intérieures.

3. Mindfulness (pleine conscience) : se concentrer sur le moment présent et observer ses pensées et émotions sans jugement.

4. Auto-réflexion : prendre du temps régulièrement pour réfléchir sur soi-même, ses valeurs, ses objectifs et ses expériences.

5. Affirmations positives : utiliser des affirmations pour renforcer la confiance en soi et promouvoir des pensées positives.

6. Lecture introspective : lire des livres ou des articles qui encouragent la réflexion personnelle et l'auto-découverte.

7. Dialogue intérieur constructif : remplacer les pensées négatives par des pensées constructives et motivantes.

8. Thérapie et coaching : travailler avec un professionnel pour explorer ses pensées et émotions.

9. Écoute de soi : être attentif à ses propres besoins, désirs et sentiments.

10. Exercices de visualisation : utiliser la visualisation pour clarifier ses objectifs et aspirations.

11. Expression artistique : utiliser l'art, l'écriture créative ou la musique comme moyens d'explorer et d'exprimer des pensées et des sentiments intérieurs.

12. Analyse personnelle : analyser les retours et critiques constructives pour améliorer la compréhension de soi.

13. Objectifs personnels : définir et travailler vers des objectifs personnels pour mieux comprendre ses motivations et ses désirs.

15. Exercices de respiration : utiliser la respiration consciente pour se concentrer et calmer l'esprit.

Ces techniques peuvent être utilisées seules ou en combinaison pour développer une communication intrapersonnelle plus efficace et enrichissante.

La communication extrapersonnelle

C'est l'ensemble des interactions que nous avons avec les autres, que ce soit verbalement ou non verbalement. Elle est essentielle pour établir une relation de confiance et de respect avec les patients, les collègues et les partenaires.

Dans le cadre de la pratique de l'hypno-magnétisme-intégrative, la communication extra personnelle permet de créer un climat propice à la détente, à l'écoute et à la coopération. Elle favorise également le transfert d'informations, de suggestions et d'échanges d'informations entre le praticien et le client, ce qui facilite le processus de changement et d'évolution.

Pour développer la communication extra personnelle, il est important de prendre en compte plusieurs aspects, tels que :

- Le langage verbal : il s'agit du choix des mots, du ton, du volume et du débit de la parole. Le langage verbal doit être adapté au contexte, au public et à l'objectif de la communication. Il doit être clair, précis, cohérent et respectueux. Il doit aussi être congruent avec le langage non verbal, c'est-à-dire qu'il doit correspondre aux expressions faciales, aux gestes et à la posture du corps.

- Le langage non verbal : il s'agit de tous les signaux visuels, sonores ou tactiles qui accompagnent le langage verbal. Le langage non verbal peut renforcer, nuancer ou contredire le message verbal. Il peut aussi transmettre des émotions, des attitudes ou des intentions.

Le langage non verbal doit être maîtrisé et contrôlé pour éviter les malentendus ou les conflits. Il doit aussi être observé et interprété pour comprendre les besoins, les attentes ou les réactions du client.

- L'écoute active : il s'agit d'une attitude d'attention et d'intérêt portée à l'autre. L'écoute active implique de reformuler, de questionner, de paraphraser ou de résumer ce que dit le client pour vérifier sa compréhension, pour clarifier ses propos ou pour approfondir ses idées. L'écoute active permet de montrer son empathie, sa bienveillance et son respect. Elle permet aussi de stimuler la participation, la motivation et l'engagement du client.

- Le retour d'information : il s'agit d'un retour d'information donné au client sur son comportement, ses performances ou ses résultats. La rétroaction doit être constructive, c'est-à-dire qu'elle doit souligner les points forts, les points à améliorer et les pistes d'action. Le retour d'information doit être donné au bon moment, au bon endroit et avec la bonne méthode. Il doit être accepté, remercié et utilisé par le client pour progresser et atteindre ses objectifs.

La communication extra personnelle est donc un élément clé de la pratique de l'hypno-magnétisme-intégrative. Elle permet de créer une alliance thérapeutique solide et durable entre le praticien et le client. Elle permet aussi de faciliter le processus de changement et d'évolution du client vers un état de bien-être physique, mental et émotionnel.

Tableau synthétisant les concepts et les détails

Concepts thèmes	Détails / Explications
Intelligence relationnelle	- Capacité à comprendre, communiquer, et interagir efficacement. - Compétences : empathie, écoute active, gestion des émotions, résolution de conflits, coopération, leadership. - Essentielle pour établir des relations de confiance, respect, et collaboration. - Se développe via expériences, formations, retours d'informations, pratique. - Amélioration par attitude positive, curiosité, ouverture aux autres, auto-questionnement, apprentissage de ses erreurs.

Concepts thèmes	Détails / Explications
Avantages de l'intelligence relationnelle	- Favorise performance, créativité, innovation, satisfaction et bien-être au travail. - Contribue à l'épanouissement personnel, développement du potentiel, estime de soi, confiance en soi. - Renforce les liens sociaux, prévient l'isolement, réduit le stress, augmente le bonheur.
Communication intrapersonnelle	- Dialogue intérieur, réflexion personnelle, auto-analyse. - Essentielle pour bien-être mental, croissance personnelle. - Permet développement de confiance en soi, intuition, créativité, empathie. - Aide à se libérer des croyances limitantes, peurs, blocages. - Accès à l'inconscient, utilisation de l'hypnose et du magnétisme. - Améliore la communication avec les autres.
Stratégies de communication intrapersonnelle	- Techniques : Journalisation, méditation, auto-réflexion, affirmations positives, lecture introspective, dialogue intérieur constructif, thérapie et coaching, écoute de soi, visualisation, expression artistique, analyse personnelle, définition d'objectifs personnels, exercices de respiration.
Communication extra personnelle	- Interactions verbales et non verbales avec les autres. - Crée un climat de détente, écoute, coopération en hypno-magnétisme-intégrative. - Facilite le transfert d'informations et le processus de changement.

Concepts thèmes	Détails / Explications
Développement de la communication extra personnelle	- Aspects à considérer : Langage verbal (choix des mots, ton, volume, débit), langage non verbal (signaux visuels, sonores, tactiles), écoute active (reformulation, questionnement, paraphrase), retour d'information (commentaires constructifs). - Crée une alliance thérapeutique entre praticien et client, facilite le bien-être physique, mental, émotionnel.

Chapitre 29
En guise de conclusion

Au fil de ce livre, nous avons exploré divers exemples illustrant des techniques et des méthodes à adopter dans le domaine du magnétisme et de la guérison. Ces exemples, bien que complets et immédiatement applicables, ne constituent pas des solutions universelles. En effet, chaque patient que vous rencontrez est unique, et il est essentiel d'adapter ces techniques et méthodes aux circonstances particulières de chacun. C'est en personnalisant votre approche que vous serez en mesure de fournir les meilleurs soins possibles.

Il est important de considérer ces exemples comme des guides, des points de référence qui vous aideront à agir en tant que professionnel. Votre objectif doit être de garantir la sécurité et le bien-être de vos patients, en adaptant vos méthodes à leurs besoins spécifiques. En tant que praticien, vous devez vous engager à suivre ces principes avec rigueur et dévouement, en gardant toujours à l'esprit l'importance de la personnalisation des soins.

Au cours de votre lecture, vous avez découvert diverses notions et concepts qui ont guidé nos prédécesseurs dans ce domaine fascinant. Ces idées et méthodes, transmises de génération en génération, ont façonné les pratiques du magnétisme, de l'hypnose et du dialogue. Elles continueront de le faire à l'avenir. Vous êtes sur le point de devenir les nouveaux dépositaires de ce savoir ancestral ; il vous appartient désormais de l'enrichir et de le faire évoluer.

Concernant les méthodes de magnétisme, je vous encourage vivement à consulter les ouvrages que j'ai écrits. Dans mes livres et dans la bande dessinée traitant du magnétisme et de l'énergétique, vous trouverez une mine d'informations sur une variété de méthodes spécifiques, adaptées à un large éventail de cas. Ces méthodes sont le fruit de nombreuses années de pratique et d'étude, et elles ont été conçues pour répondre aux besoins les plus divers. En vous familiarisant avec ces techniques, vous serez mieux équipé pour faire face aux défis que vous rencontrez dans votre pratique.

Il est fondamental de comprendre que le magnétisme et l'hypnose sont influencés par de nombreux facteurs, notamment la personnalité du praticien et celle du patient, ainsi que le contexte dans lequel la pratique a lieu. C'est pourquoi il est essentiel de rester ouvert d'esprit et flexible dans votre approche. Apprenez à écouter vos patients, à comprendre leurs besoins uniques, et adaptez vos méthodes en conséquence. C'est en restant attentif et empathique que vous serez en mesure de fournir des soins d'accompagnement de la plus haute qualité.

N'oubliez pas que votre parcours en tant que praticien est un voyage continu. Il y aura toujours de nouvelles techniques à apprendre, de nouvelles recherches à explorer, et de nouveaux défis à relever. Restez curieux, engagé dans votre apprentissage, et toujours prêt à évoluer. Votre dévouement à votre métier et à vos patients vous guide vers le succès et la satisfaction professionnelle.

En dernière analyse, rappelez-vous que les techniques et méthodes que vous avez apprises ne sont que le début de votre parcours. Votre capacité à les adapter et à les personnaliser sera la clé de votre réussite en tant que praticien des médecines d'accompagnement. Continuez à apprendre, à grandir et à évoluer ; vous deviendrez ainsi un pilier dans ce domaine passionnant et en constante évolution.

Printed in France by Amazon
Brétigny-sur-Orge, FR